# 省エネ基準 説明の義務

## 南雄三が説明したら…

建築技術

# INTRODUCTION

説明義務

# まえがき

　建築物省エネ法は、2020 年に小規模な住宅と建築物に対して、省エネ基準への適合を義務付けるとしていましたが、2019 年 5 月の改正で、建築士が建築主に省エネ性能を説明する「説明の義務」に変わりました。これをトーンダウンしたと批判する声がある一方で、説明することほど難しいものはないと気付いて、慌てる声が挙がっています。

　そこで、省エネ基準および HEAT20 などの水準を分析して整理整頓してきた私が、建築士に代わって説明したらどんな風になるのか……を示してみようと思いました。

　私は建築士ではないので、説明する資格はありませんが、南雄三流の視点で断熱・省エネをわかりやすく説明したいと思います。

　また、説明は書面によって行われることになるようですが、まだどのような書面形式になるのか決まっていないので、そこは国土交通省の説明会に譲るとして、現行（2019 年 7 月時点）の基準に沿って解説していこうと思います。

illustraion：Taco

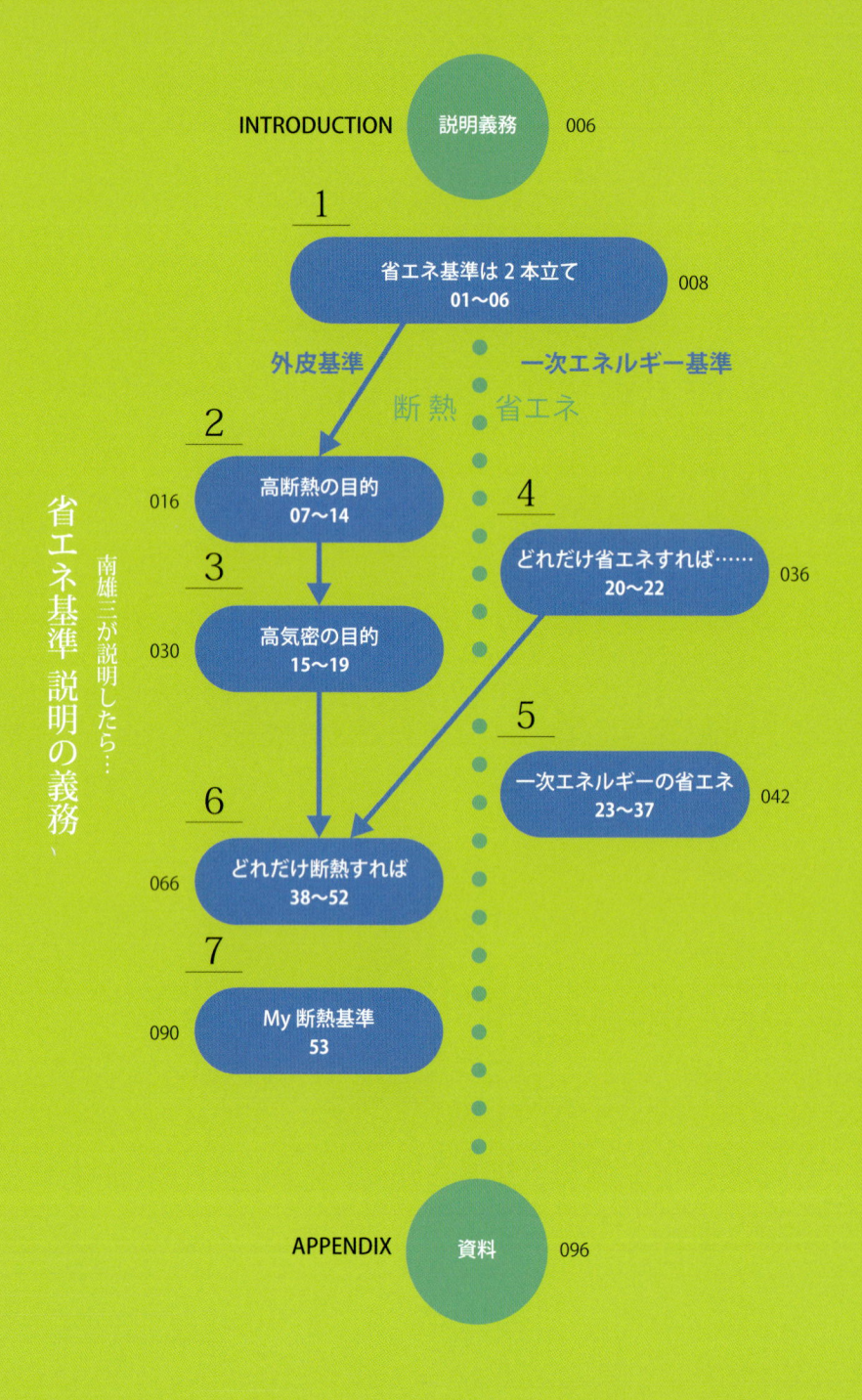

# 説明義務

M——こんにちわ。今日は省エネ性能の説明にきました。

●——あら，南さんこんにちわ。省エネ性能の説明ですか？

M——そうなんです。2019年5月17日に建築物省エネ法※が一部改正になって、小規模住宅と建築物の場合は省エネ性能を、その家を設計する建築士が建築主に説明することが義務付けられたのです。

●——省エネ性能を説明されてもねえ……。

M——本来、2020年度には省エネルギー基準に適合することが義務付けられることになっていたのですが、それが実施できなくて、説明の義務に改正されたというわけです。

●——そういえば前に来られたハウスメーカーさんが、「当社のつくる家は省エネ基準に合格しています」と胸を張っていたわ。でも、なぜ義務付けられなくなったのですか？

M——小規模住宅の場合は省エネ基準に適合する新築住宅の比率が60％くらいしかなく、省エネ基準は面倒な計算が必要で、その計算ができる業者の割合が半分くらいしかないことや、小規模住宅等は件数が非常に多く、所管行政庁の審査体制が不足することが懸念されることなどから、見送られたのです。

●——省エネ基準に合格しないと、どうなるのですか？

M——確認申請が下りないので、建築ができないのです。

●——あらっ大変なんですね。そんなに厳しいものが、「説明すればよい」ことになるなんて、随分楽になったのですね。

M——いや、建築士はみんな口下手ですから、計算したり書類をつくったりするより、説明することの方がずっと難しくて……、今も汗かいてます。

※正式には「建築物のエネルギー消費性能向上に関する法律（平成27年、7月公布）

●──あら、緊張しているんですね。
　お茶でも飲んで……、お菓子もどうぞ。

M──説明の義務は、建築主の省エネに対する興味が高められるというネライがあります。また、先ほどの奥様のお話のように、「省エネ基準に合格している」と胸を張るのはよいとして、省エネ住宅を真摯に考えることなく、「とにかく省エネ基準をクリアすれば見た目は省エネ住宅」として営業的に利用されてしまうという弊害をなくすためには、むしろ説明の義務の方がよい結果を生むと、私は思っています。

●──なるほど、しっかり説明してもらって、しっかり考えたいと思います。ところで、省エネ基準に合格しても、そんなに省エネにはならないということですか？

M──耐震基準でも法でクリアする必要のある等級1というのは、「震度6強から7程度の地震が起きても、倒壊や崩壊しない」レベルであって、ビクともしない強さをもっているわけではありません。最低限居住者が、死亡するに至らない強さをもっているというだけです。なので、耐震住宅と胸を張ることはできないのと同様に、省エネ基準をクリアしても、それは最低レベルだと知っている必要があります。

●──最低レベルでも、クリアしていない住宅があるということですよね。

M──そうです。断熱・気密の考えが十分に理解されていないこともあるし、断熱・気密が日本の気候風土に照らした伝統的なデザインのよさを失わせるという反発もあります。
　国はそういう住宅を「気候風土適応住宅」として認め、適合義務化になっても各特定行政庁が認めれば、断熱基準が除外されたり、省エネ性が緩和されることになっています。ここでも、説明の義務は彼らの考え方をしっかり建築主に伝えるよいチャンスとなります。

## 01 | 省エネ基準の移り変わり

M──省エネ基準は 1980 年、1992 年、1999 年の 3 回改正され、そのたびにレベルアップしてきましたが、その後 14 年も更新されないまま 2013 年の改正を迎えました。そして、2016 年に建築物省エネ法の枠組みに入ったことで、2016 年（平成 28 年）基準と呼ばれています。断熱レベルは 2013 年のままスライドしています。

●──14年も変わらないまま改正され、同じレベルを継続しているということは、20 年も変わらないということですよね。

M──そうなんです。日本はエネルギーのほとんどを輸入に頼っているのに、国民の省エネへの関心は低く、建物の断熱化も進みませんでした。この間に、先進諸国が断熱レベルを高めたのに対して、日本は大きなレベル差をつけられてしまいました。

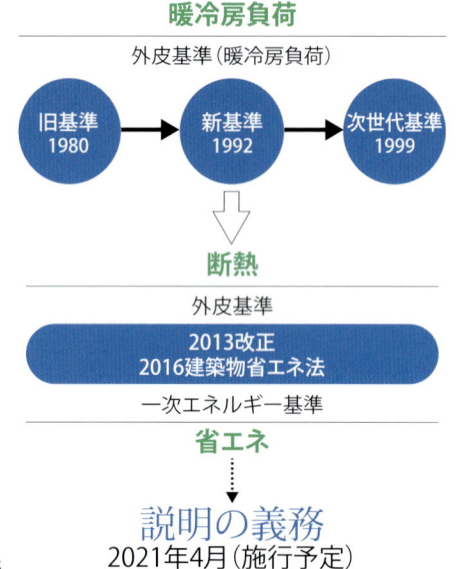

**図1** 省エネ基準の推移

●──そういえば、この前きた工務店さんはヨーロッパの話ばかりで、日本の断熱はレベルが低いと息巻いていました。

M──えっ！ 工務店さんも出入りしているんですか？

●──いいえ、前のことで、今は南さんだけですよ。

# 02 | 省エネ基準が2本立ての理由

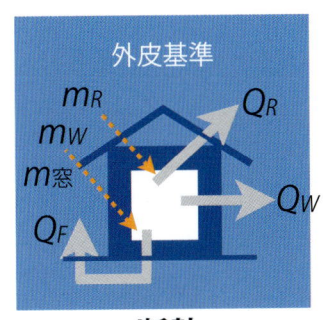

図2

断熱
×
省エネ
} 省エネ基準は
2本立て

図3

M──省エネ基準は1999年基準までは外皮基準だけだったのですが、2016年基準から外皮基準と一次エネルギー基準の2本立てになりました

●──2本立て？　なぜそうなったのですか？

M──まずは、二つの基準の違いを説明しましょう。

外皮とは、家を包んでいる屋根、壁、床のことで、**図2**のように屋根、壁、床から逃げる熱（$Q_R+Q_W+Q_F$）の合計を、外皮面積で割ったものが外皮平均熱貫流率で、$U_A$（ゆーえー）値というものです（67頁で詳細に説明します）。

●──$U_A$値ねえ……（頭を抱える）。

M──なので、外皮基準は断熱性を評価するものです。一方、一次エネルギー基準は生活するうえで、消費するエネルギーを評価するものです（**図3**）。

●──断熱だって、省エネになるんですよね。

M──もちろんです。でも、断熱は暖冷房のエネルギーを小さくすることに働きますよね。ところが生活する中で、消費するエネルギーは暖冷房だけでなく、換気や照明、給湯、そして家電も含めたものの全体です（**図3**）。

●──そういわれればそうですよね。でも、暖房や冷房が一番エネルギーを使っているんでしょ。

M──そう思うのが普通だと思います。ところが東京のような温暖地では、**図4**のように暖冷房は19％＋5％で24％……、つまり1/4しか占めていないのです。

●──へぇー、ではなにがそんなに？

M──給湯が最大で31％、家電も大きくて1/4強。

●──風呂好きで、テレビばっかりみているからですよね。

M──いいえ、そうともいえません。今度は、海外との比較のグラフを見てください（**図5**）。

●──南さんは、色んなデータを隠し持っているんですね。まるで紙芝居のよう。あら、ちょっと古かったかしら。

M──世帯別の国際比較ですが、日本は他の国に比べてエネルギー消費量は少なくて優等生なんです。

●──えっ！　日本の断熱レベルは低いというのに。

M──見てください、青いのが暖房で、日本は欧米の国々の1/4しか暖房していないのです。

●──優等生だからでしょう？

M──いいえ、寒さを我慢しているからです。

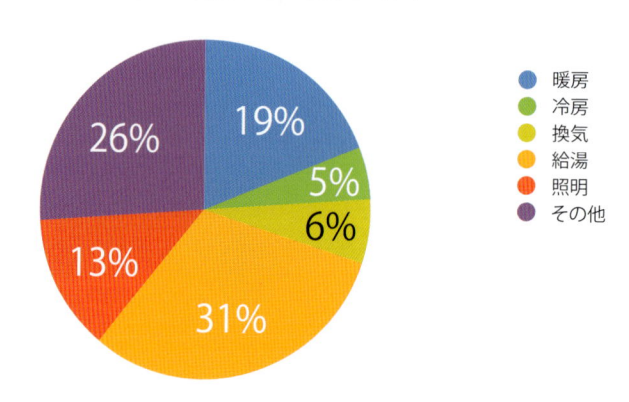

凡例：
- 暖房
- 冷房
- 換気
- 給湯
- 照明
- その他

19%　5%　6%　31%　13%　26%

**図4**　一次エネルギー基準値の部門別割合（6地域）

●——だから、優等生だからでしょう？

M——節約が美徳の日本人ですが、それで優等生といえるでしょうか。

●——私は優等生でなくていいから、暖かく暮らしたいけど。

M——いいえ、暖かく暮らしながら、エネルギーも少なくするのが優等生のはずです。

●——あらっ、南さんは時どき美しいこといいますよね。

M——話はまだまだ続きます。生活で使われるエネルギーには色々あります。各々で省エネすれば、全体では大きな省エネになります。

●——照明に LED を使うとか……。

M——そうです、そして太陽光発電で創エネすれば、さらにエネルギーを減らすことができ、発電量の方が消費エネルギーより大きくなることもあります。つまり、断熱を高めて暖冷房の省エネを図るより、他の設備で省エネした方が楽で、安かったりするとしたら……。断熱は、置き去りになる可能性があります。

●——それで、省エネの基準だけでなく、断熱の基準も含めた 2 本立てになったということですね。

M——素晴らしい理解力ですね。なので、私は常日頃「断熱と省エネは分けて考えよう」といっているのです。

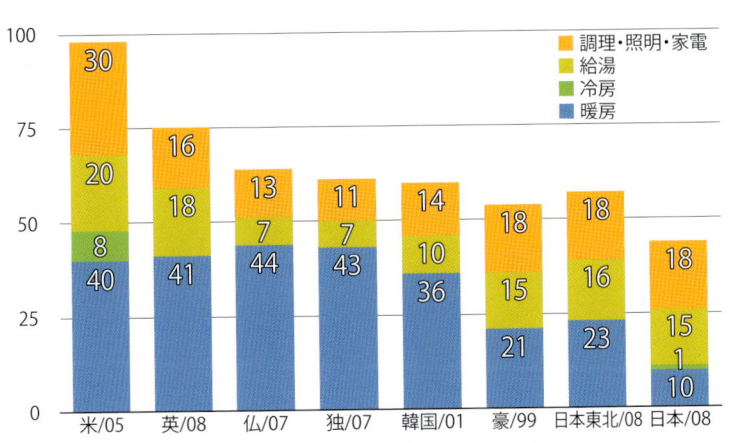

**図5** 世帯当たりエネルギー消費量（主要国比較）（GJ）

資料：（株）住環境計画研究所「民生部門の省エネルギーについて」平成 21 年 2 月 19 日、
「家庭におけるエネルギー需要構造と課題」平成 25 年 6 月 28 日

# 03 | なぜ暖冷房だけが対象だったのか

**●──ではなぜ、前の基準は断熱の基準だけだったのですか？**

M──当時は無断熱の状態で、寒さに我慢が当たり前だったため、断熱化して暖めることをめざしたことが一つの理由です。もう一つの理由は……、風呂は風呂釜で、厨房はガス瞬間湯沸かし器、暖房はガスや灯油のストーブといった具合に、どこの家も同じような方法をとっていたため、断熱化だけが省エネを図る対象だったからです。

最近では、省エネ設備、省エネ家電が日進月歩で効率を高めていて、断熱に加えて、設備の省エネ設計が求められています。そこで、省エネ基準としては暖冷房の枠から抜け出して、生活総合のエネルギーを対象にすることになった……、というわけです。

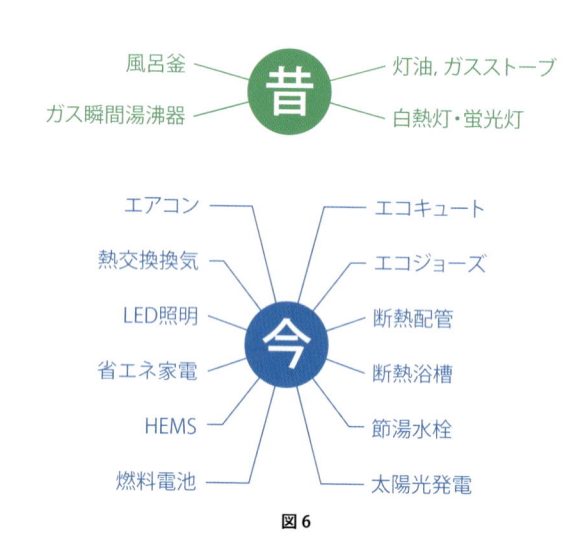

**図6**

**●──ところで、さっきから気になっていたのですが、一次エネルギーってなんのことですか？**

M──ついにきましたか……、その質問。これを説明するのが、至難の業なのです。13頁にまとめてみました。

# 04｜一次エネルギー

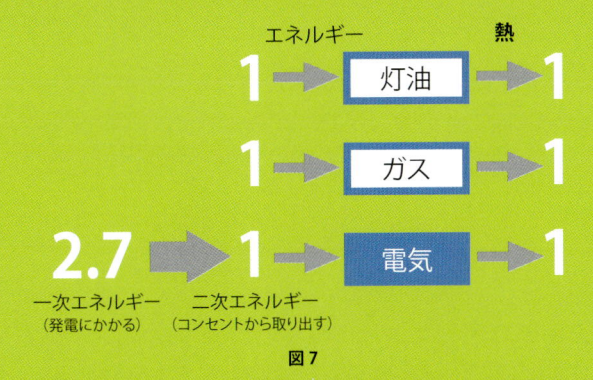

図7

さて、一次エネルギーとは何かを考えてみましょう。

- 灯油やガスを目の前で燃やすと、1のエネルギーで、1の熱をつくるとします。
- 電気もコンセントにコードをつないで、そこから1のエネルギーを引き出せば、1の熱をつくります。
- でも、コンセントまできている電気は遠くの発電所（火力発電所として）でつくられたもので、その発電効率は1/3ほどしかなく、さらに送電ロスもあって、大きなロスをしながら、やっとこさコンセントまでたどりついています。
- したがって、コンセントから受け取る電気は1ではなく、発電ロスを含めた値にしなければいけません。発電効率を37％とすれば、1÷0.37＝2.7となります。
- つまり、灯油やガスは1のままでよいのですが、電気は1ではなく2.7倍しなければ、同じ土俵にのらないのです。
- これを一次エネルギーと呼び、コンセントから先を二次エネルギーと呼んで区別しています。2.7は一次エネルギー換算係数と呼ばれます。

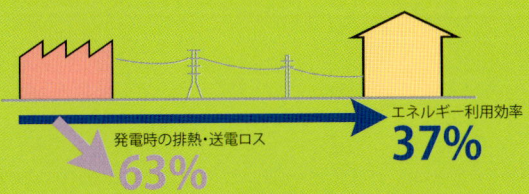

図8

# 05 なぜ2本立てになったのか

M——一次エネルギーを理解してもらえたでしょうか？

●——やっぱり電気は、エネルギーの無駄遣いなのね。

M——いや、そういう理解ではなく、電気はモーターを動かしたり、灯りをつくったり、もちろん熱もつくったりと、とても便利で価値のあるエネルギーなのです。

●——そうですよね。でも、発電するのに無駄が多い。

M——はい、最も不合理なのが、電気で熱をつくることです。

●——なぜですか？

M——思い出してください。電気をつくるのに天然ガスや石炭を燃やしていて、その効率が 1/3 くらいしかないからです。ガスや石油を直接燃やせば 80％ くらいの効率があるので、わざわざ電気を効率悪くつくっておいて、それで熱をつくることは愚かしいことなのです。

●——愚かしいとまで、言い切るのですね。

M——でも、電気で熱をつくる方が利口になる「手法」もあるのです。

●——手法？　どんなものですか？　私も知っているものですか？

M——もちろん奥様も知っています。でも、この話はまた後日にしましょうか。

●——出し惜しみするんですか。

M——そうではありませんが、あちこち膨らむと整理できなくなりますので、それほどに断熱と省エネは広くて深いものがあります。

●——では、私自身で整理してみますよ。省エネ基準には外皮の基準と一次エネルギーの基準があって、外皮の基準は断熱性、一次エネルギーの基準は省エネ。省エネだけだと断熱性が疎かになる危険があるから、外皮の基準との 2 本立てで、一次エネルギーは電気のエネルギーを発電の段階のロスも含めて計算します……。

M——Oh　Great！

# 06｜ワットとジュール

これからの二人のやりとりの中で、よく出てくるエネルギーの単位が W（ワット）と J（ジュール）です。
ここでは、その W と J について整理しておきます。

●省エネ基準で、外皮基準の $U_A$ 値では W（ワット）が使われるのに対して、一次エネルギー基準では J（ジュール）が使われています。
●W は、1A（アンペア）の電流が流れる 2 点間に 1V（ボルト）の電圧が生じているとき、その 2 点間で消費される電力のことです。
●J は、仕事量・エネルギー・熱量などの単位です。
……といわれても、理解できたという自信が湧いてきませんが、いずれも二つはエネルギーでの単位で、どちらで表現してもよいのです。二つの間には以下のような関係があって、相互換算できます。実は「1Ws（秒）は 1J」なのです。
なんだ同じなんだ……ということではなく、W には時間が含まれているのに、ジュールにはありません。なので 1 秒間での仕事量で二つは同じ 1 であり、1 時間になれば 3,600 がジュールに乗じられるので、1Wh（時間）は 3,600J（3.6kJ）になります。同じように、1kWh はさらに千倍するので 3,600,000J（3.6MJ）になります。
ここで、K（キロ）、M（メガ）、G（ギガ）はそれぞれ千、100 万、10 億という桁の単位で、パソコンでお馴染みだと思います。

1Ws=1J
1Wh=3.6kJ
1kWh=3.6MJ

桁の単位
K（キロ）：1,000
M（メガ）：100万
G（ギガ）：10億

図9

# 第2章

# 07 | 断熱しても省エネにならない？

M──省エネ基準が、2本立てになった理由を理解していただき
ました。
次に、ではなぜ断熱が重要なのかを考えてみましょう。

●──そうですよね、断熱が省エネの主役ではないとしたら、な
ぜ2本立てにするほど必要なのかを知りたいですね。

M──（**図10**を描きながら……）、まず断熱性のない家の中で、
寒さを我慢しているのが日本ですね。我慢しているので、
暖房は小さいままです。

●──低断熱・小エネ……。ここでは「省エネ」じゃなくて、「小
さなエネルギー」と書くのですね。

M──はい、これは私の勝手な造語ですが。一方、ヨーロッパの
家は無断熱の家でもガンガン暖房しているんです。

●──あら、もったいない。でも、ヨーロッパの家は断熱がいい
はずでは？

M──それは最近の家で、古い家を大事にするヨーロッパでは、
無断熱や低断熱の家がまだ沢山あります。

●──それでもしっかり暖房しているのなら、暖房費は大変で
しょうね。

M──そうなんです。そこで家の断熱性を高めることが、省エネ
に直結するのです。

●──真ん中の分厚い断熱の家（**図10**）のことですね。暖房がす
ごく小さくなっています。

M──左の日本の家（**図10**）も、真ん中の家のように分厚い断熱
材を被せれば暖かくなりますよね。

●──そうですね。行き着くところは同じですよね。

M──でも、ヨーロッパと事情が違うのは、日本の家は我慢の小
エネをしていたので、高断熱にして小さな熱で暖かくなっ
ても、使っていたエネルギーの大きさは変わらないので、
省エネにはならないのです。

| 低断熱・小エネ | 高断熱・小エネ | 低断熱・大エネ |

**図10**

**低断熱でも寒さを我慢すれば小エネ（日本の既存住宅）**
**低断熱で暖かさを求めれば大エネ（欧州の既存住宅）**

高断熱で小さな熱で暖かさをつくれば
# 小エネで快適

●──確かに暖房の大きさが同じですよね。とすれば……、以前よく断熱改修を進められたけど、断熱改修しても省エネにはならないということですよね。

M──でも、エネルギーを増やさないまま、室温は上がって健康で快適になります。

●──日本の断熱とか暖房事情というのは、ヨーロッパのようにストレートではなくて面倒なんですね。

M──ヨーロッパのように家全体を連続して暖房することを、全館連続暖房と呼びます。日本のように一部の部屋だけ暖房して、出掛けたり就寝時は暖房を止めてしまうことを、居室間歇暖房と呼びます（**図11**）。

| 全館連続暖房 | 居室間歇暖房 |
|---|---|
| ヨーロッパ | 日本 |

**図11**

# 08 | ヒートショック

● ──家が寒いのは辛いですよね。布団から出るのも嫌だし、トイレに行くのも面倒になって……。

M ──寒いことは不快なだけでなく、健康に悪影響をもたらします。

● ──ヒートショックとかいうものですよね。冬になると、新聞やテレビでよく取り上げられています。

M ──ヒートショックはとても怖いもので、全国で 1 年に約 17,000 人の人が「入浴中急死」に至った、と推計されています。そのうち高齢者が 14,000 人と、大多数を占めています。

● ──実家も寒いので、両親が心配になるのですが……。

M ──ヒートショックは、血圧のもみ返しによって起こるようです（**図12** を描きながら……）。暖かい居間から冷え込んだ脱衣室に入ると血圧が上昇し、入浴を開始すれば熱い湯に驚愕反射して、さらに血圧は上がり、その後湯の中で温まれば血管が膨張して血流が多くなり、血圧は一気に下がります。その間に発汗することで、血液はドロドロになり、脳梗塞、心筋梗塞の危険が大きくなります。

そして、湯から出ようと立ち上がれば、頭の血液が一気に下降して立ちくらみや失神を起します。そして、また寒い脱衣室の中で、血圧は急上昇。こうしてジェットコースターのように、血圧が上がったり下がったりすることをもみ返しと呼ぶのです。

● ──お風呂に入りながらジェットコースターですか……。

M ──脱衣室と浴室が冷えていなければ、急上昇する波が緩やかになるので、もみ返しが薄れます。湯の温度が高いのも危険要素で、これも脱衣室の室温が低いことによるものです。

● ──浴室はお湯を事前に床に撒いておくことはできますが、脱衣室は暖房するしかありませんね。

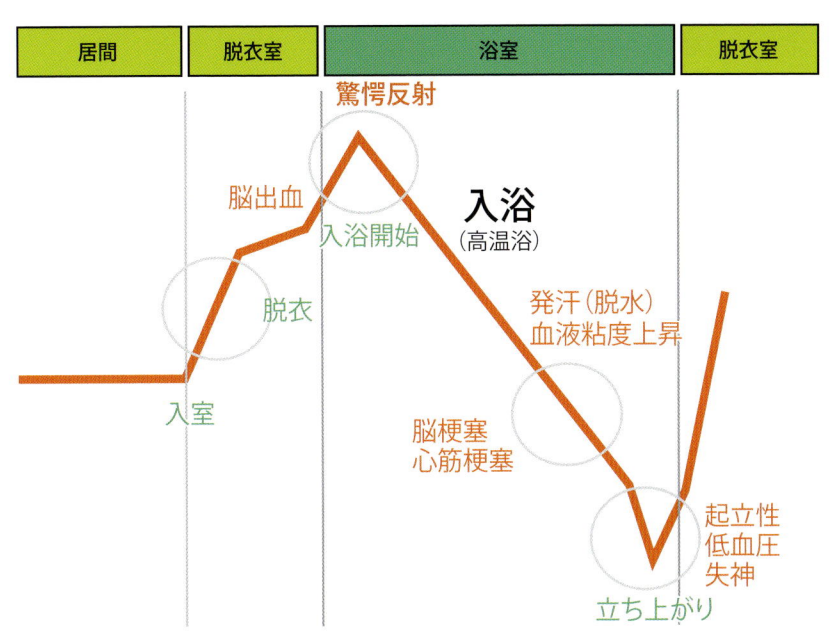

**図12** 冬季入浴による血圧変化（出所：九州大学・栃原裕氏）

M——**図13**は、入浴中の心肺機能停止者数を月別に示したもの
です。圧倒的に冬に多いのがわかります。入浴中だけでな
く、死亡する数で冬が大きいのは日本に限ったことではあ
りません。でも興味深いのは、寒冷地より温暖地の方が、
つまり北海道より四国や九州の方が、北欧よりイタリアや
スペインの方が高いようで、これはそれほど寒くないこと
による、寒さへの身構えが緩いためといえるのです。

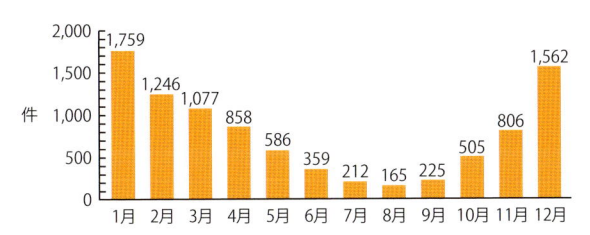

**図13** 入浴中の心肺機能停止者数（2011年）全国47都道府県、635消防本部

# 09 | 室温が居住者の健康に与える影響

●──居間の温度を調べたら、北海道が一番高かったとか。

M──そうなんです。WHO（世界保健機構）では住宅と健康に関するガイドラインの中で、冬の最低室温は 18℃以上にするよう強く勧告しています。これに合格するのは日本では北海道だけです。

●──おかしなものですよね。一番寒いところが一番暖かい

M──国はスマートウエルネス住宅等推進事業の中で、断熱改修後の健康改善について調査しています。
その一例ですが（**図 14**）、断熱改修した家としなかった家の居住者の起床時の血圧を比べたところ、改修した家の方が最高血圧で 3.5mmHg、最低血圧で 1.5mmHg 低下しました。

●──血圧ですよね。3.5 くらいではそれほど下がったとは……。

M──厚労省の推計によれば 40 歳から 80 歳代の国民の最高血圧を平均 4mmHg 低下させることで、脳卒中死亡数が年間約 1 万人、冠動脈疾患死亡数が年間約 5 千人減少すると……。

●──そうなんですか。それは大きな改善ですね。

M──また図 15 のように、朝の居間の床上 1m の室温が 18℃未満の寒冷な住宅に住む人に比べて、18℃以上の温暖な家に住む人の方が総コレステロール値、LDL 総コレステロール値が低く、また心電図の異常所見が少ない結果になっています。このようなデータはまだまだ沢山あって、室温が居住者の健康に影響することが見て取れます。

●──色んなものが断熱改修で改善されているのですね。家の中が寒くてもダウン着ていれば温かいし、布団を二枚掛ければ寒くないしと思っていましたが……。

M──確かに布団をかぶっていれば温かいのですが、肺は低温の空気を吸い込んでいますよね。なにか、体の中から冷え込むような気がしませんか。

●──確かに、肺から冷えていくような気になります。

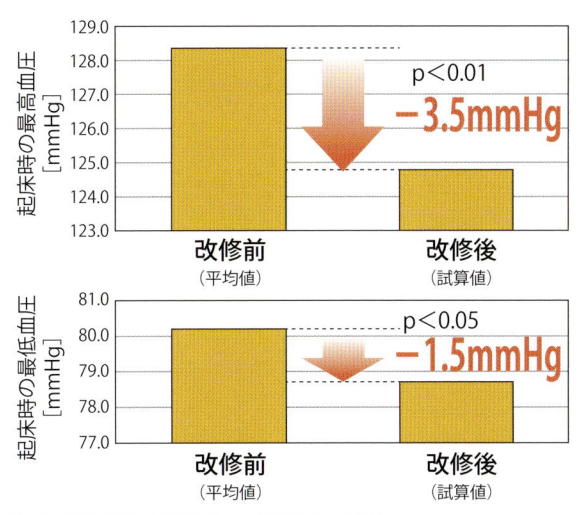

図 14 断熱改修による起床時の血圧低下量（試算）

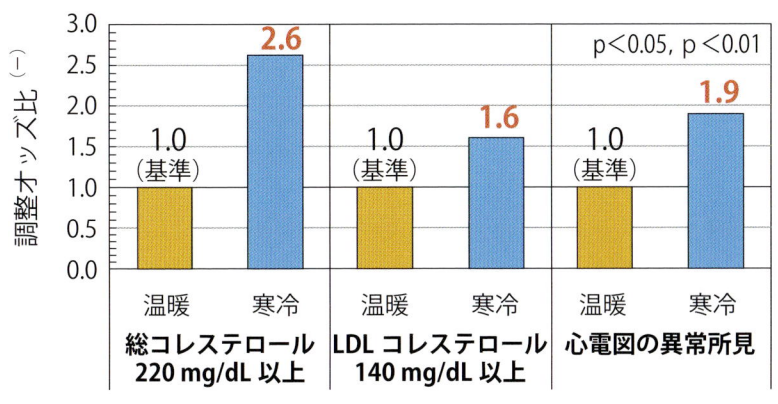

図 15 健診結果が基準範囲を超えるオッズ比（温暖住宅群を基準とした場合）

断熱改修等による居住者の健康への影響調査（スマートウエルネス住宅等推進事業）
http://www.mlit.go.jp/common/001270049.pdf

⇦室温が、居住者の健康に影響するデータが載っています。
「家族住まいる HandBook　みんなでもっと健康に」
（一社）健康・省エネ住宅を推進する国民会議
http://www.kokumin-kaigi.jp/books.html

上の写真は https://www.reform-online.jp/news/administration/11379.php

# 10 | 寒いことで結露が発生

M──家の中が寒いのは、不健康で不快なだけでなく、結露が起こりやすい状態でもあります。

●──窓ガラスが、びっしょり濡れるのは結露ですよね。

M──そうです。窓ガラスのようにはっきり水滴が見えなくても、結露で湿ったところにはカビが発生します。

●──以前住んでいたマンションの浴室は、カビがひどくて……。

M──カビには、味噌や醤油をつくって有益なものもありますが、鼻炎や喘息などアレルギー疾患の要因になるだけでなく、カビ毒による中毒や水虫、そして体内に侵入したカビは感染症や、とても怖い真菌症を引き起こしたりします。

●──カビがそんなに怖いものだとは……（絶句）。

M──カビが発生する環境では、ダニの繁殖も想定しなければなりません。

●──今度はダニですか……。

M──ダニにも色んな種類のものがいますが、人の健康に影響を与えるのはヒョウヒダニや、人を刺すツメダニなどがいます。ヒョウヒダニの生体や死骸や糞を吸い込むと、アレルギー性鼻炎や喘息を引き起こします。

●──なんだか、体が痒くなってきちゃいました。

M──喘息患者の主要なアレルゲンの中で、最も多いのがハウスダスト（粉塵）で、その中のほとんどがヒョウヒダニの生体や死骸や糞といわれています。

●──結露は、カビやダニを繁殖させているんですね。でも、どうすれば結露を防げるのですか？

M──結露の発生メカニズムの説明を、23頁にまとめてみました。

**写1** アルミサッシ+一重ガラスの結露

**写2** 浴室の天井に繁殖したカビ

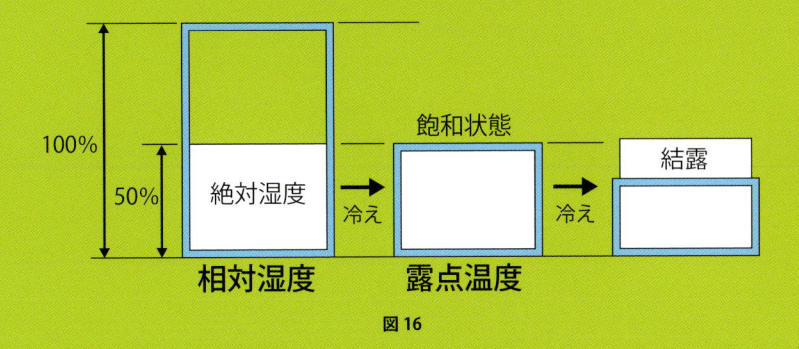
**図16**

　空気を、四角いグラスに例えてみます。実際は、ものすごく小さなグラスなので見えないほどです。空気は、グラス一杯に水を含むことができます。

- いま、この空気の中に50%だけ水が入っています。この状態を相対湿度50%と呼びます。私たちが普段「湿度」と呼んでいるのは、この相対湿度です。
- この空気が冷やされると、グラスは小さくなってしまいます。入っていた水が、溢れるギリギリの状態を「飽和状態」と呼びます。飽和状態になるまで下げられた温度を、露点温度と呼びます。もちろんこのときの相対湿度は100%です。
- この空気がさらに冷やされると、水の一部は外にこぼれてしまいます。これが「結露」です。
- つまり、水をもった空気が冷やされることによって、結露が起こるのです。

## 11 | 非暖房室の結露

M──つまり「冷やさなければ、絶対に結露しない」のですが、日本は暖房している部屋としない部屋があるので、温度差ができます（**図17**）。

●──熱は隣の部屋にいかないのに、水蒸気はいくのですか……。

M──水蒸気はとても小さいので、どこにでも飛んでいきます。なので、家の中で露点温度以下の部分があれば、そこで結露します。

●──この図（**図17**）だと、窓で結露していませんか？

M──はい、窓は断熱の弱点部ですから、そこから結露が始まります。そこに結露が集中すれば、除湿することになります。

●──窓なら結露を拭き取れるし、そこで除湿してくれれば……。

M──窓を断熱窓にすると、結露は他の低温部分に移ることもあります。押入とかタンスの裏側とか、熱が回りにくいところに。

●──結露は、いたちごっこのようなものですね。

M──そのとおりです。熱も外気に向かって流れていくので、隣の部屋にも伝わるのですが、温度差ができます。**図18**は、東京の省エネ基準レベルの断熱性のときの各部屋の温度です。

●──2階の13.7℃の部屋が一番低温なんですね。

M──それでも、LDKが20℃で湿度50%だとすれば、結露が始まる露点温度は9.2℃なので結露しません。

●──なら、省エネ基準でも安心ですね。

M──ところが就寝時に暖房を停止すれば、全体の温度は下がっていきますので要注意ですし、窓の温度は室温より低くなるので、部分的に結露する危険性があります。

●──だったら、空気の中の水を減らせないのですか？

M──きちんと換気できていれば排湿できますが、開放型のストーブを燃やせば大量の水蒸気が噴き出されます。

●──開放型ストーブというと、石油やガスストーブのことですか？

M──そうです、1リットルの石油を燃やすと、実に1.13リットルの水蒸気が噴き出しています。

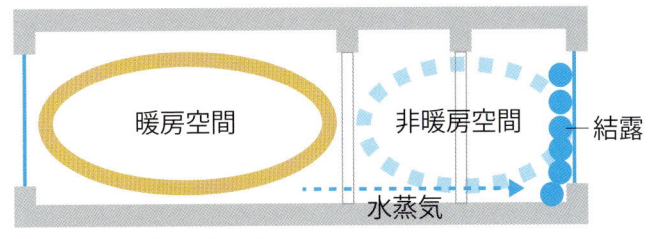

**図 17**　住宅内での結露の発生原理

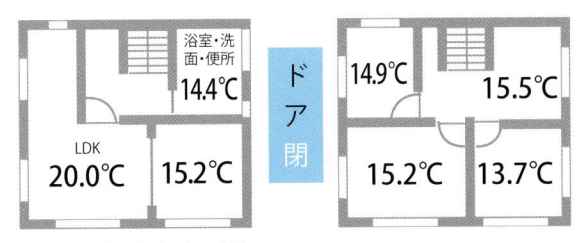

**図 18**　暖房室と非暖房室の室温
（東京、断熱：省エネ基準レベル、第 3 種換気※）
※本間義規：建築技術 2002 年 7 月号「結露の完全克服マニュアル」より引用

ストーブの上にやかんをのせている理由は、ストーブの放熱量が大きくて部屋が乾燥するためです。ストーブ自身も多量の水蒸気を出しているのに、それでも乾燥します。
なのに隣の非暖房室では、ストーブとやかんのダブルの水蒸気が激しく結露を起こしています。

**写 3**　開放型・石油ストーブ

# 12 | 内部結露

●——開放型ストーブはニオイもあるし、空気が汚れて頭が痛くなるし、まさか水蒸気まで噴き出していたとは。

M——噴き出された水蒸気は、非暖房室や部分的に冷えているところで結露しているだけではありません。実は、壁の中でも結露することがあるのです。

●——えー、壁の中じゃ見えないじゃないですか。

M——そうです。見える結露は「表面結露」と呼びますが、隠れて見えない結露を「内部結露」と呼んでいます。

●——壁の中まで、水蒸気が入っていくからですか？

M——そのとおりです。内部結露は、むしろ高断熱化することで起こる現象です。

●——断熱材といえば、綿のようなものですよね。そこを、水蒸気が通っていくんですか。

M——はい、断熱材の中を水蒸気が通過していき、冷えている外壁にぶつかって結露するのです。

●——その結露はどうなるのです？

M——断熱材を濡らし、土台に落ちて、土台を腐らせます。

●——土台が腐ったら、家がつぶれてしまうじゃないですか？

M——大地震になると、腐った柱や土台が露わになります。それまでに倒壊しなかったのが、不思議なくらいです（**写5**）。

●——この写真（**写4**、**5**）は衝撃的ですね。柱と梁がくっついていない……。

M——こうした内部結露を防ぐために、通気工法が開発され、今ではきちんと施工されていれば、内部結露を怖がる必要はありません。

●——きとんと施工するというのは？

M——内部結露防止は、「水蒸気を外に行くほど開放」と「気密化」が原則です。通気工法については 27 頁で説明します。

**写4** 内部結露で壁の合板が結露 **写5** 阪神淡路大震災で露わになった壁体内の腐れ

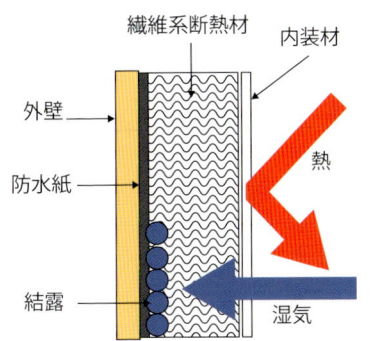

**図 19**

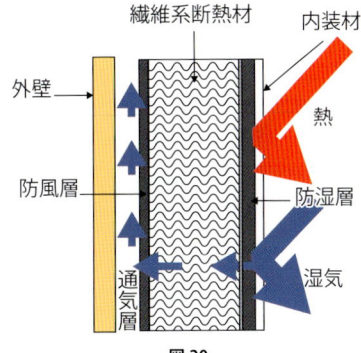

**図 20**

## 密閉断熱構造

断熱材があるので、熱は流れにくいが、水蒸気は透過するので、冷たい外壁裏の防水紙にぶつかって結露します。

## 通気工法

室内側に防湿層を設けて、水蒸気の透過を防ぎ、わずかに入ってしまった水蒸気は防風層（風は入れないが、水蒸気は透過するシート）から通気層に放出されます。

水蒸気は内から外に向けて開放する……なので、「外に行くほど開放」が内部結露防止の原則となります。

# 13 | 木材腐朽菌とシロアリ

M──木材が湿ると木材腐朽菌が繁殖したり、シロアリの食害が起こったりします。**写6**はシロアリの蟻道です。

●──ここは床下ですね。あの茶色のクネクネしたのが蟻道ですね。なぜ、蟻道をつくって登っていくのですか？

M──シロアリは乾燥や気流に弱いので、蟻道をつくってそのトンネルの中を移動するのです

●──蟻道はあっても、木材には何も問題がなさそうですが。

M──外から見てもなにも変わらないように見えますが、木材を指で叩くだけで、**写7**のように簡単に割れて中が見えてしまいます。

●──えっ？　薄皮一枚だけ残して中身を食べていたのですか？

M──そうです。なので地震などで力が加われば、簡単につぶれてしまうのです。

●──シロアリ恐るべしですね。

M──シロアリにはヤマトシロアリとイエシロアリがいて、ヤマトシロアリは寒さに強いのでほぼ全国に、イエシロアリは関東以南に生息しています。イエシロアリは水を運ぶことができるので、小屋裏まで食害することがあり、被害は甚大です。

●──でも、結露や雨漏りがなければ大丈夫なのですよね。

M──最近では、乾燥した木材を好むアメリカカンザイシロアリも日本に伝来していますが、まずは湿潤環境をつくらないことが重要です。

写6　床下で見つけた蟻道

写7　指で叩くと簡単に割れて、中は空洞

# 14 | 人と建物の健康

●──省エネの前に、すっかり健康にはまった感じですね。

M──健康にも、「住む人の健康」と「建物の健康」の二つあることがわかったと思います。

●──住む人と建物の健康ですか？

M──健康の健は「人」+「建」に分けられます（**図21**）。

●──なるほど。人と建物の健康の両方に、断熱が役立つということですね。

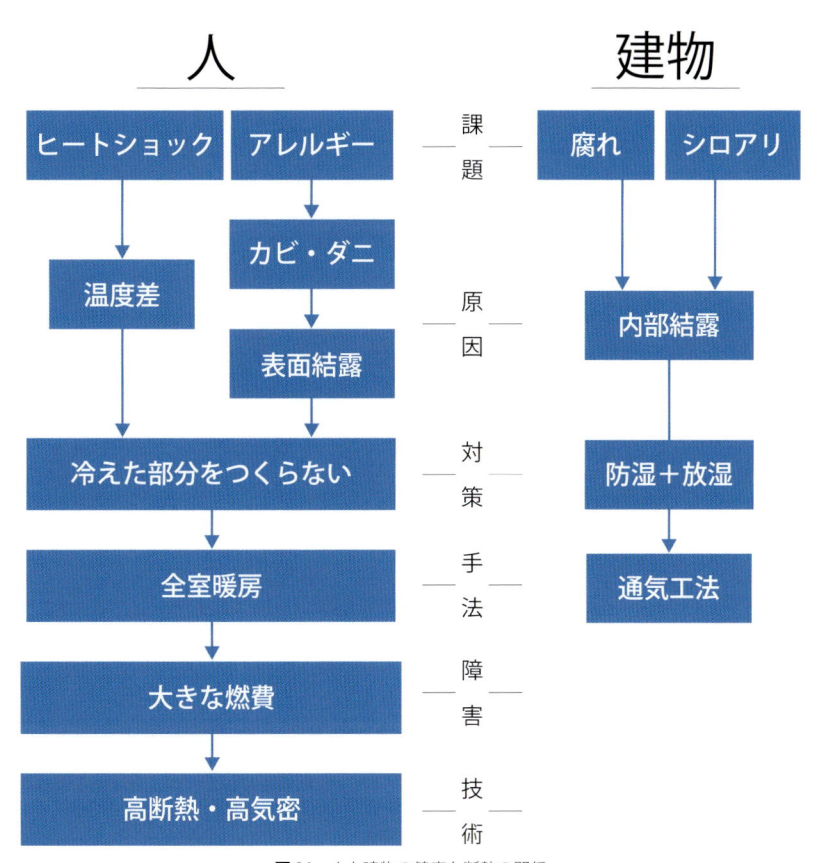

**図21** 人と建物の健康と断熱の関係

# 第3章

# 15 | 断熱と気密は一体

● ——水蒸気を外に逃がすのはわかりましたが、気密とは？

M ——建物を気密にする理由は幾つかあります。一つは隙間風を防ぐためです。

● ——隙間風の寒さは、毎冬体験してよく知っています。

M ——次に、壁の中に水蒸気が入るのを防ぐためです。

● ——さっきの内部結露ですね。

M ——はい、**図22**を見てください。左の家は、床下から壁の中に水蒸気が侵入しています。これでは内部結露の危険があるばかりでなく、断熱効果を失います。

● ——右の図には防湿層とか気流止めがあって、水蒸気が壁に入るのを防いでいるのですね。

M ——そのとおりです。40年ほど前に北海道の家で断熱化が始まると、土台が腐る事故が起こりました。そこで、産官学で原因の解明を図ったところ、左の図の状態で内部結露が起こっていることがわかり、右の図のように気密化の必要性が叫ばれることになりました。断熱したら気密にしなければいけない……という教訓を載せて、「高断熱・高気密」という言葉がつくられたのです。

● ——高気密・高断熱ではなく、高断熱・高気密なんですね。

M ——次の理由は、換気を正しく働かせるためです。

● ——換気ですか？　建物が気密になるから、換気が必要なのですよね。なのに、換気のために高気密にするとは？

M ——健康と快適と省エネを求めて断熱すれば、気密が要求されることは理解されたと思います。気密になれば、計画的な換気が必要になります。断熱→気密→換気という流れです。

● ——そこまではわかりました。ちょっと強制的な雰囲気で怖いですが。

M ——はい、断熱化はここをしっかりしないと、逆に家を壊すことになります。

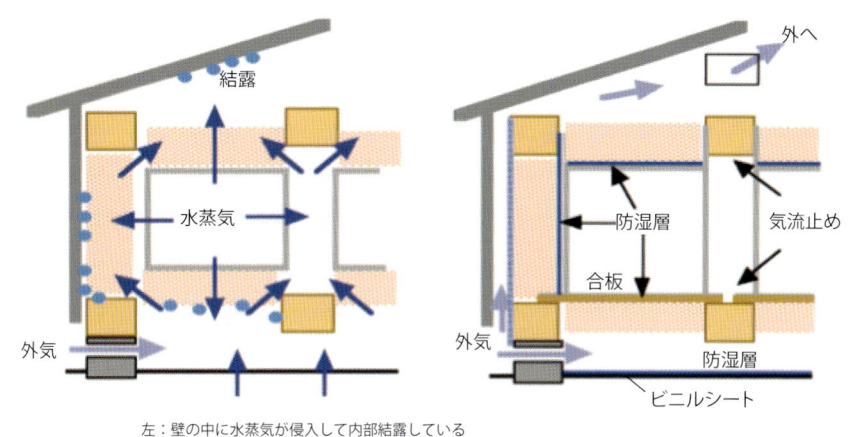

左：壁の中に水蒸気が侵入して内部結露している
右：気流止めと防湿層で水蒸気の壁への侵入を防いでいる
**図22** 気流止めで内部結露を防ぐ

## 16 | 気密測定

気密測定器はファンと計算器で構成され、ファンで排気して室内を負圧（減圧）にし、その時の排気量と圧力差から相当隙間面積を割り出します。もちろん計算は気密測定器のコンピュータが行い、瞬時に結果を出してくれます。

写8　気密測定をしている状況

建物の気密性が高ければ、ファンをぐんぐん回して排気しても、隙間からほんの少しの空気しか入ってこないので、室内の圧力がどんどん下がっていきます。

● —気密測定しなければ、気密性はわからないのですよね？

M —はい。断熱・気密施工が終わった段階で実施します。

● —費用も掛かりますよね。

M —車のように工場内で性能チェックをしてから販売するものと違って、家は現場でつくるので現場でチェックする必要があります。車の性能チェックにお金は払えても、家の性能には払えないというのはいかがなものでしょう。

# **17** 計画換気が高気密を要求

●──正直、高気密といわれると息苦しい気持ちになります。

M──たしかにそうですね。密閉された空間で、生活するような気持ちになるのだと思います。でも、実際はちゃんと穴もあるし、換気もするので息苦しいことはありません。

●──でも、換気扇が回るくらいでは、空気が流れている気持ちになれません。窓を開けるくらいしないと……。

M──もちろん風があって、窓を開けたければ窓を開け、閉めたい時に閉める。しっかり閉めることができますから、開けることもできるのです。閉めれなければ開きっぱなしです。

●──昔の家は開きっぱなしだったのですね。

M──換気の目的は、居住空間の空気質を清浄に保つことです。そして、換気設計の原則は「常時、出入口を明確にして、必要な量の換気をする」ことで、計画換気と呼んでいます。

●──常時とは、レンジファンやトイレの換気扇のように使う時だけ運転するのではなく、24 時間ということですね。

M──はい。出入口とは外の新鮮空気を人の居るクリーンゾーンから給気して、トイレや浴室のようにニオイや水蒸気が発生するダーティーゾーンから排気するという、換気の流れの入口と出口のことです。

●──もう一つの原則は、必要な換気量？

M──はい、換気量を増やせば空気質にはよいのですが、暖冷房負荷も増えてしまいます。なので、清浄な空気質を維持するための必要な量で、換気することが求められるのです。

●──**図 23** を見ていたらわかりました。「出入口の明確」も「必要な量の換気」も、建物の気密性があってこそですよね。

M──素晴らしい！　そのとおりです。

●──でも、もう頭の中は一杯一杯（笑）。断熱すれば気密が必要で、気密になるから換気が必要で、換気をちゃんと動かすには高気密が必要になる……。目が回りそう。

M──では、**図25** の四つのバランスを見て落ち着いてください。

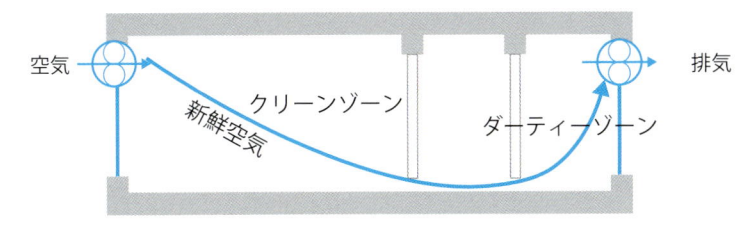

常時、出入口を明確にして、必要な量の換気をする

▼

## 計画換気

**図 23** 計画換気の原則

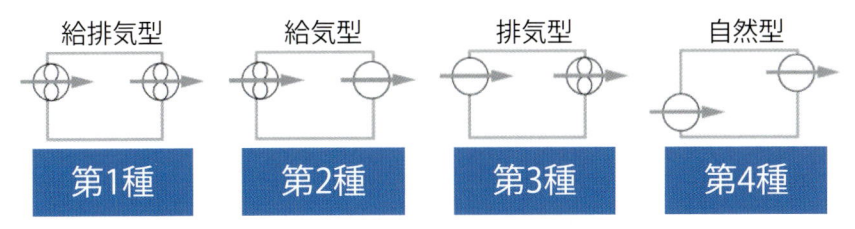

**図 24** 換気手法の色々

**換気手法**は四つに分類されます。給排気型の第 1 種、給気型の第 2 種、排気型の第 3 種、自然換気の第 4 種です。第 1 種は主に熱交換換気のケースです。一般的に使われているのは第 1 種熱交換換気と第 3 種排気型換気ですが、自然換気の第 4 種を試みる動きも始まっています。

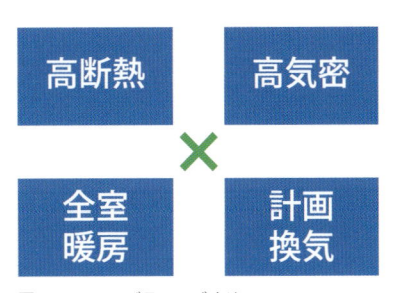

**図 25** 四つのバランスづくり

# 18 | 必要な換気量

● ──さて、必要な換気量はどれくらいなんですか？

M ──一般的には 0.5 回/h で計算します。こう言ってもピンときませんよね。トイレや浴室に付いている小さな換気扇が一つ 50m³/h くらいの排気量ですが、トイレ 2 か所、浴室 1 か所の合計三つをいつも運転しているくらいの量です。

● ──ということは 150m³/h くらい。でも、なぜ 0.5 回/h なのですか？

M ──これは、2003 年に施行された所謂シックハウス法が、0.5 回/h以上の換気を義務付けているからです。この法により今ではほぼすべての家で、機械換気が行われています。

● ──その頃、化学物質過敏症が話題になりましたよね。

M ──よくご存じですね。20年ほど前に建材や家具から化学物質が放散して、化学物質過敏症が起こりました。そこで、この法律ができたのですが、発癌物質でもあるホルムアルデヒドが規制の対象になりました。

● ──それで、規制の効果はあったのですか？

M ──はい、ホルムアルデヒドの平均濃度はグングン減少しました。でも、その後の調査で換気装置が運転されていない家が、多数あったことがわかりました。

● ──はっ？　なのにホルムアルデヒドは減った？

M ──はい、建材がホルムアルデヒド放散量の少ないものに、一挙に変わったからです。

● ──業界が頑張って改善したのですね。

M ──それはよいのですが、換気が動いていないのは問題です。建物の気密性は高まり、高断熱化しているので、計画換気が必要なのですが、換気に対する理解が浸透していないので、電気代がもったいないと止めてしまうのです。

● ──止めても、法には触れないのですか？

M ──法は、換気装置が設置されていれば、それでよいのです。

# 19 | 化学物質過敏症

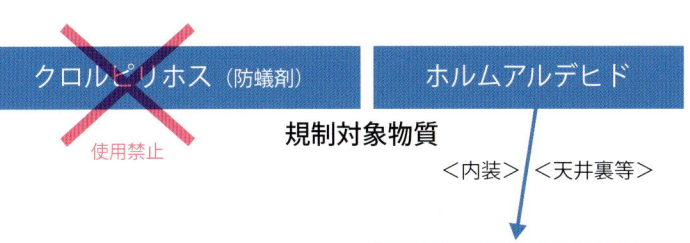

クロルピリホス（防蟻剤）　　ホルムアルデヒド

使用禁止

**規制対象物質**

＜内装＞ ＜天井裏等＞

クロルピリホスは使用禁止、ホルムアルデヒドは建材の放散量のレベル（F☆〜F☆☆☆☆）により、使用量（床面積当たり）を換気回数に分けて制限しています。今では、ほとんどの建材がF☆☆☆☆になりました。

| ホルムアルデヒド放散建材 (mg/m²) | | 換気回数 （回/h） | |
|---|---|---|---|
| | | 0.5-0.7 | 0.7以上 |
| 0.12以下 | F☆ | 使用不可 | |
| 0.02-0.12 | F☆☆ | 0.3倍 | 0.8倍 |
| 0.005-0.02 | F☆☆☆ | 2倍 | 5倍 |
| 0.005以下 | F☆☆☆☆ | 無制限 | |

**図26** 化学物質過敏症とシックハウス法（2003年）

※省エネ基準の外皮基準は断熱性の評価だけでなく、「配慮事項」が定められていて、その中にこれまで説明してきた事項が網羅されています。

省エネ基準の配慮事項

**告示1-4　気密性の確保**
気密性の確保のための措置を講じるものとする。（要約）
**告示1-5　防露性能の確保**
（1）表面結露の防止
外皮平均熱貫流率の基準に適合する場合であっても、表面結露のおそれのある、著しく断熱構造を欠く部分（開口部を除く）をつくらないこと。（要約）
（2）内部結露の防止
内部結露の発生を防止するため、適切な措置を講じること。（要約）
**告示1-6　暖房機器等による室内空気汚染の防止**
室内空気汚染をできる限り防止するための措置を講じるものとする。（要約）
**告示1-7　防暑のための通気経路**
通風経路の確保に努めるものとする。（要約）

# 第4章

## 20 | めざす省エネレベル

M──では、これから新築される際に、どれだけ省エネに努力すればよいのかを考えてみましょう。

●──大切な問題ですよね。

M──温暖化を防ぐという世界的な意味もありますし、家計を抑えるという意味でも重要です。2015年の暮れにパリでCOP21が開かれ、「パリ協定」が採択されました（**図27**）。ここで、日本は2030年までに2013年比26%削減する目標を掲げて、国際的に約束しました。

●──そこまでは、私も知っています……。

M──そこで目標を遂行するために、家庭部門に40%削減のノルマが掛けられました（**図28**）。

●──40%とは大きいですね。

M──でも、これらは温暖化ガスでの計算で、これをエネルギー量に置き換えると、家庭部門にはおおむね23%の削減が求められることになりました。

●──だったら、国民の責任において、各家庭が23%以上の省エネをしなければいけないということですよね。

M──そのとおりです。それも新築だけでなく既存住宅も含めた全体のことですから……、空家を除けばおおよそ5,400万戸の既存住宅にも省エネを課す必要があります。既存住宅の省エネは、新築に比べて負担が大きく……。

●──その分、新築で頑張る必要があるということですよね。だったら最低30%。

M──まずは、最低30%と考えてよいと思います。

●──意気込んではみたけど、私にはまるでどうすればよいのか検討がつきません。何をどう省エネすればよいのですか？

M──先ほども言ったように、生活で消費するエネルギーは暖冷房だけでなく、給湯、換気、照明、家電などを含めた総体です（**図29**）。これらの一つ一つを見ていきましょう。

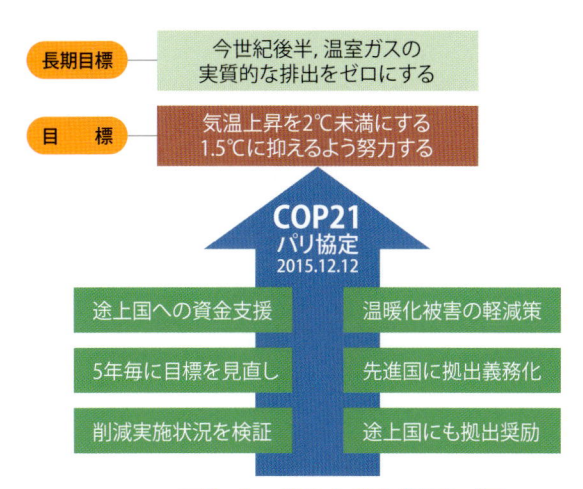

**図 27** COP21 パリ協定の主旨

2015 年 12 月、パリ協定が採択されました。協定の内容は、世界の平均気温上昇を 2℃未満に抑える目標のみならず、1.5℃に抑えるよう努力すると言及され、今世紀後半には、人間活動による温室効果ガス排出量を実質的にゼロにしていく方向が打ち出されました。これを実現するために、参加 196 か国すべてが、5 年以内に排出量削減目標を提出することが義務付けられました。

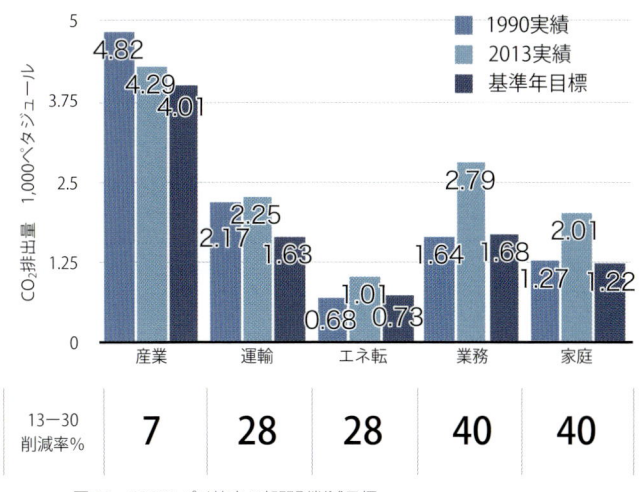

**図 28** COP21 パリ協定の部門別削減目標

# 21 | 省エネ基準では省エネにならない？

M——その前に。まずは省エネルギー基準をクリアすれば、どれほど省エネになるかを見てみましょう。

●——そうですね。どのくらいなのですか？

M——実は、省エネ基準の一次エネルギー基準の省エネレベルは、改正になった 2013 年度当時の「今」のレベルなのです。

●——2013 年の「今」？

M——パリ議定書の約束は 2030 年度の $CO_2$ 排出量を 2013 年度と比べて 26%削減というものですから、ここでも 2013 年が「今」になります。

●——ということは、省エネ基準では省エネにならないということですか？

M——図 30 を見てください。そこに「基準一次エネルギー算定条件」が書かれています。大事なのは「・2012 年時点においての、各地域での、一般的な種類、性能の設備機器」という部分です。これが基準値の内訳です。

●——設備機器というのは、例えばエアコンとかキッチンのレンジとか、冷蔵庫のことですよね。

M——そうです。2012 年時点で普通に使われているものが基準になっていて、例えば給湯器の場合は石油とかガスの湯沸かし器が、エアコンの場合は日進月歩で省エネが進んでいますが、省エネ性の低いものが基準になっています。

●——そういう意味で、「今」のままだということですね。

M——そのとおりで、図 30 の「設計一次エネルギー算定条件」では実際に施す断熱性能、設置する設備機器などで算定することと書いてあります。

●——今より省エネになる断熱性や設備機器にすれば……、ということですよね

M——はい、なので、図 29 のように基準値より設計値の方が小さければ、省エネ基準に適合することになります。

●——つまり、省エネ基準をクリアしても今よりほんの少しだけ省エネになった、ということかもしれないわけですね。

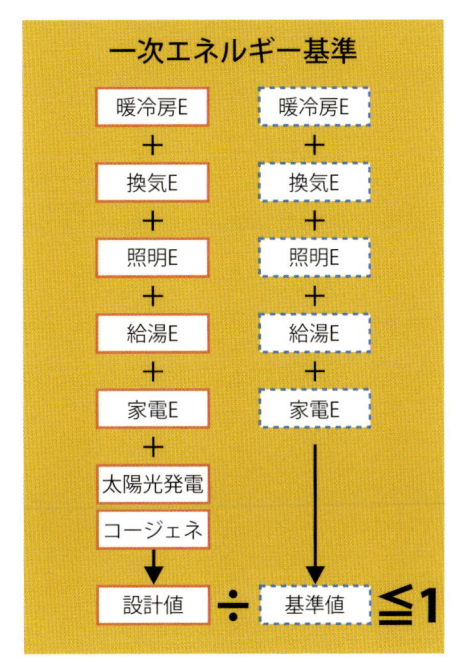

**図 29**　一次エネルギー基準の評価項目と判定

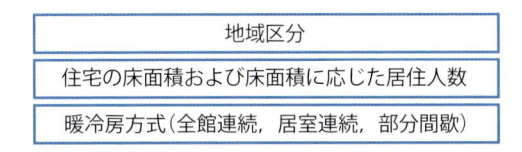

| 地域区分 |
| --- |
| 住宅の床面積および床面積に応じた居住人数 |
| 暖冷房方式（全館連続，居室連続，部分間歇） |

| 基準一次E算定条件 | 設計一次E算定条件 |
| --- | --- |
| ・1999年基準の断熱性能<br>・暖冷房方式に応じた運転方法<br>・2012年時点においての，各地域での，一般的な種類，性能の設備機器 | ・実際の断熱性能<br>・設置する設備機器<br>・省エネ対策<br>・エネルギー消費に関わる気候特性 |

**図 30**　基準値と設計値の算定条件の違い

# 22 | ネット・ゼロ・エネルギー

●——ご近所で、ゼロエネルギー住宅を新築した人がいました
ね。ゼットとかなんとか言ってたけど……。

M——ZEH（ゼッチ）のことですね。ネット・ゼロ・エネルギー・
ハウスで ZEH。ビルだと ZEB（ネット・ゼロ・エネルギー・
ビル）で、ゼブと呼びます。

●——ZEH にすれば光熱費は要らないし、お得のようだけど。

M——日本は先進諸国の中でも再生可能エネルギーの比率が小さ
いので、国は再エネ推進で、FiT（フィードインタリフ）固
定価格買取制度を 2012 年から始めています。

●——太陽光発電とかでできた電気を売ることができて、その価
格が普通に買う電気代より高いからお得になる……。

M——そうです、でも家庭用の 10kWh 以下の場合に売電できる
のは 10 年間、それも家庭で使用した残りの余剰電力に限
られます。

●——10 年過ぎたら、お得にならないのですか？

M——いや、そういうわけではありません。すでに 10 年が過ぎ
る家が現れていますが、購入したいという企業も現れてい
て、どれだけの値がついていくのか、注目されています。
また、蓄電池も以前に比べてかなり安くなったので、蓄電
して自家消費するという時代になったといえます。

●——生活するエネルギーがゼロなんて夢のよう……。

M——日本の ZEH はすべてゼロではなくて、家電に使う分は除い
て、ゼロになる計算をします。温暖地では生活総合エネル
ギーの中で家電の占める割合は約 1/4 ですから、ZEH とは
生活全体の 3/4 を再生可能エネルギーで賄うという計算に
なります。

●——ちょっとガッカリだけど、それでも 3/4 がゼロということ
は 75%省エネということですよね。やっぱり凄いですね。

M——政府は「住宅については、2020 年までに標準的な新築住宅
で、2030 年までに新築住宅の平均で ZEH の実現を目指す」
という目標を立てています（**図 33**）。

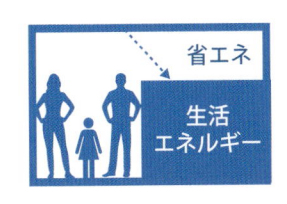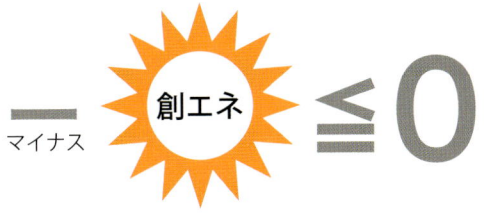

生活エネルギー（家電を除く）を
断熱・高効率設備で省エネ

再エネで
エネルギーを創る

エネルギー収支
ゼロ以下

**図31** ZEH の概念

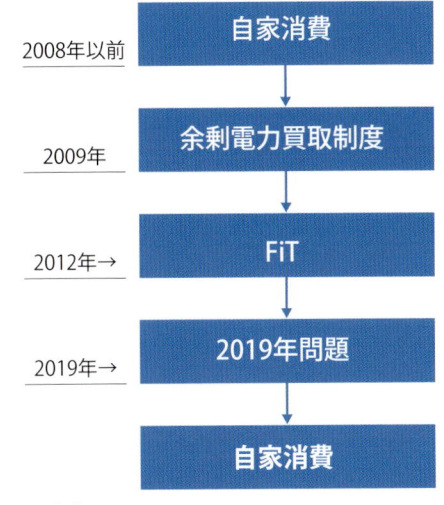

**図32** ZEH の経緯

再生可能エネルギーは発電と蓄電で自家消費していましたが、家庭用は 2009 年に余剰電力買取制度が始まり、2012 年からは FiT（固定価格買取制度）が始まって、飛躍的に拡大しました。固定価格買取制度から 10 年を経過して、買取期間が終了することを 2019 年問題と呼んでいます。買取義務がなくなっただけで、購入する企業もあり、また蓄電池を設置して自家消費することが提案されています。

> **2020年までに標準的な新築住宅で,
> 2030年までに新築住宅の平均で,
> ZEHの実現を目指す**

**図33** エネルギー基本計画（2014 年 4 月閣議決定）

# 第5章

# 23│マイナス 30％に向けて

●──マイナス30％に向けて、わが家はどのように頑張ればよいのですか？

M──ここからは、一次エネルギーの具体的な省エネについて説明していきます。まずは、どうやって一次エネルギーを計算するのかから始めます。**図34** が、国土交通省が Web に載せている一次エネルギーの計算プログラムです。

●──インターネットに計算機が置いてあるんですね。

M──そうです、とても使いやすいので奥様でも計算できます。**図34** が入口で、**図35** が計算の頁で、**図36** が結果です。

●──設計一次と基準一次？

M──基準一次が基準値で、設計一次がこの家の数値です。基準一次より設計一次の方が小さければ適合したということになります。この結果では、4人家族で設定されています。

●──80.7 が基準値ですね。この結果では、設計値が 84.3 だから不合格ということですか。

M──そうです、なにも触らないで「計算」をクリックすれば、この結果がでてきます。単位は 12 頁で説明した GJ（ギガジュール）です。奥様の家は省エネ基準に適合するのが目標ではなく、さらにマイナス 30％にすることが目標ですから、設計一次は 56.5GJ 以下でなければいけません。

●──マイナス 30％は簡単にできそうもないですね？

M──ZEH の認定では、再エネによる削減なしの一次エネルギーで、20～25％以上の削減が条件になっていますから（**図37**）、30％は緩い目標ではありませんし、言い換えればZEH 認定を受ける条件をクリアしていることになります。

●──太陽光発電を載せれば、ZEHにすることもできるのですね。

M──はい。47 頁の**図43** は各地域の基準値を示したものです。

●──紫の「その他」って何ですか？

M──家電のことを「その他」と呼んでいて、4人居住の場合、すべての地域で同じ 21.1GJ になります。

## 住宅に関する省エネルギー基準に準拠したプログラム

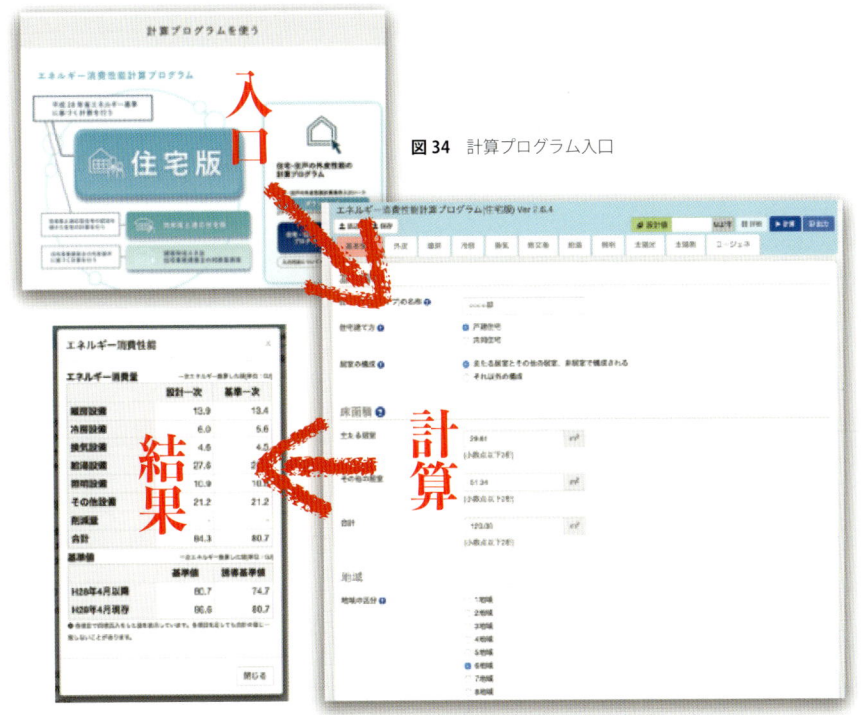

図34　計算プログラム入口

図36　結果

図35　計算プログラム計算の頁

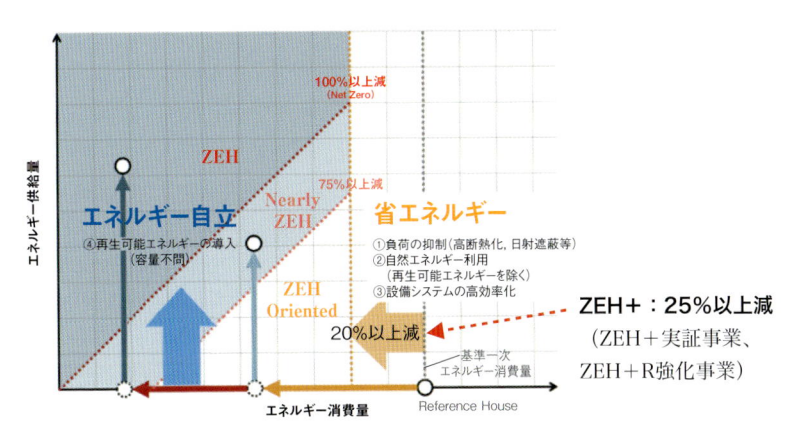

図37

**ZEHの定義**：ZEHには100%以上削減に加え、寒冷地、低日射地域、多雪地域で75%〜100%未満の削減をするNearyZEHと、都市部狭小地2階建以上でZEHを指向した先進的な住宅も含めて定義されています。

# 24 | 生活総合一次エネルギー

M──一次エネルギー基準では暖房、冷房、換気、給湯、照明の各々で消費エネルギーを計算します。また、太陽光発電、太陽熱給湯、コージェネを設置する場合には、創エネとして消費エネルギーを減じることができます（**図 38**）。

●──給湯は、人数や女性の数で違ってきそうですね。

M──そのとおりですが、それでは計算ができません。そこで自立循環型住宅研究委員会が、長期に亘り生活とエネルギー消費の関係を調査研究して、一つのモードにまとめました（**図 39**）。M1 スタンダートというものです。こうして、日本らしい生活でのエネルギー計算を可能にしています。

●──西洋人に比べて日本人はお風呂好きだし……、グラフでは台所より圧倒的にお風呂なんですね。それもシャワーが大きい。面白いのは、3 人世帯と 4 人世帯はほぼ同じだということ……。

M──一方で、1 人世帯を 4 倍すると、4 人世帯より 1.6 倍になってしまいます。世帯員数が小さくなって、世帯数が増えたことが、家庭部門のエネルギー消費を増幅しています。

●──世帯人数で違った計算をしているのですよね。

M──もちろんです。でも、「何人」と入力できなくて、床面積で員数を決めています（**図 40**）。

●──なぜ、「何人」と入れられないのですか？

M──家は長く使われるので、人数が変わることもあり……。

●──なるほど。30 年、50 年の間に人数は変わりますよね。でも、設計者としては何となく理不尽な気がしませんか。

M──そうなんです。そこで、省エネ基準の一次エネルギー計算を踏襲しながら、こうした理不尽な部分を自由に入力できるようにしたのが、自立循環型住宅への省エネ効果の推計プログラムです（**図 41**）。

●──そんな計算ソフトもあるのですね。

M──はい、Web に置いてあるので、誰でも無料で使えます。省エネ基準の「結果」より表現も豊かです。

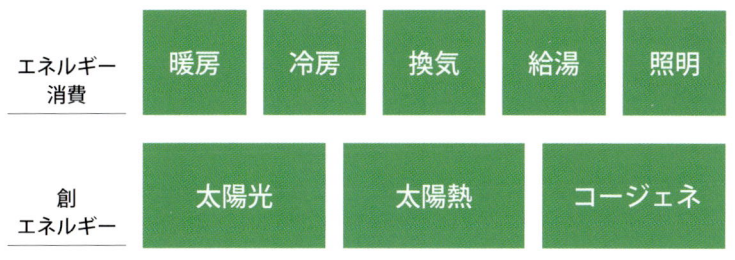

図38 一次エネルギー基準の評価項目

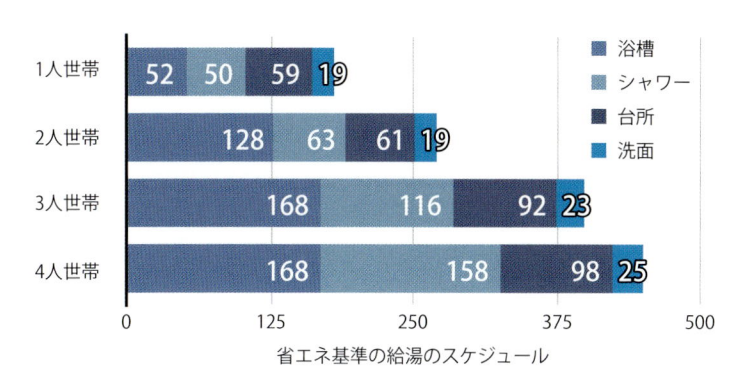

省エネ基準の給湯のスケジュール

図39 M1 スタンダードモード　期間平均の湯消費量内訳（世帯人数別）

図40 床面積と居住人数の関係

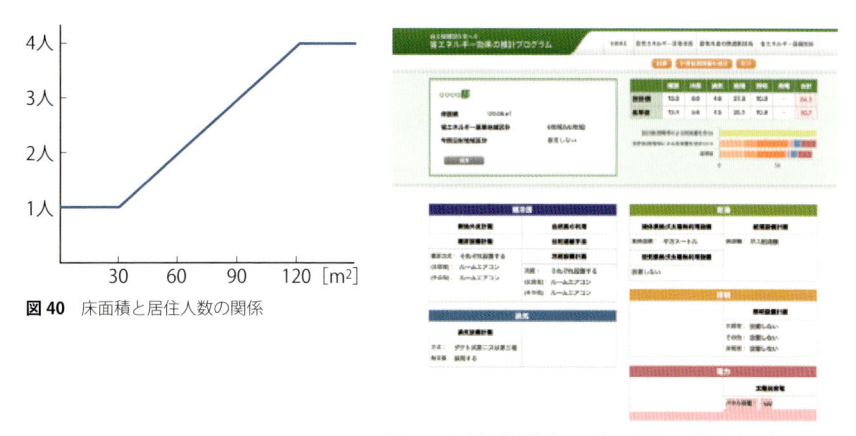

図41 自立循環型住宅への省エネ効果の推計プログラム

https://house.app.jjj-design.org/#

# 25 | 地域区分とそれぞれの基準値

●──**図43**のグラフはなんですか？

M──一次エネルギー基準値を地域別に示したもので、暖房や給湯などの部門別の割合も示してあります。

●──地域別とは、どういうことですか？

M──省エネ基準は暖房する度合いで、全国を八つの地域に分けています。

●──**図44**の日本地図の色分けが地域区分ですね。
北海道が1地域と2地域で、北東北が3地域で、南東北と関東甲信越の山間部が3地域。私の居る東京は6地域ですね。

M──そのとおりです。

●──やはり1地域から8地域に向かって、消費エネルギーが減っていきますね。

M──そうです。でも減っているのはブルーの暖房だけで、換気、給湯、照明は変わりません。

●──寒いから、給湯が多くなるということはないのですね。

M──そして、紫の部分は先に述べたように家電部門で、4人世帯だと21.2GJで固定されています。**図42**は6地域の部門別の基準値です

●──こうしてみると、やっぱり給湯が大きいですね。今までは暖房や冷房がほとんどだと思っていたのに、一つ一つちゃんと省エネ対策をしなければいけないということですよね。

M──そのとおりです。では、一つ一つの省エネを見ていきましょう。

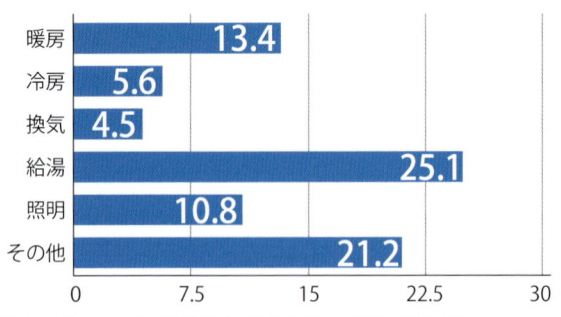

**図42** 一次エネルギー消費量基準値/6地域・居室間歇暖冷（GJ）

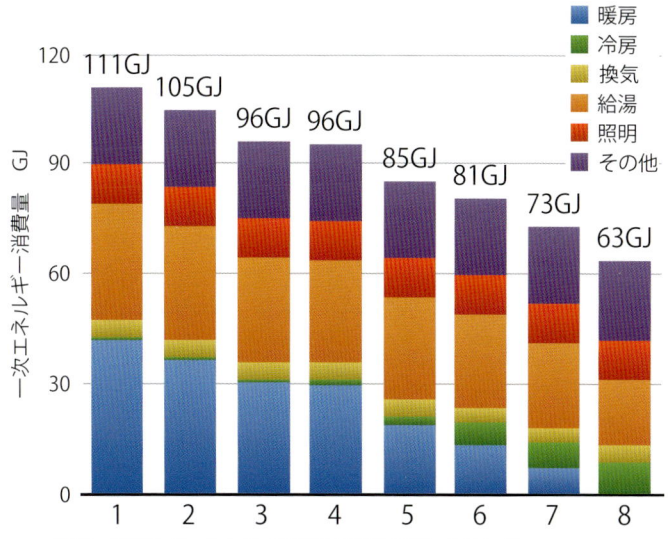

**図 43** 地域別一次エネルギー基準値と部門別の割合（120.1m²）

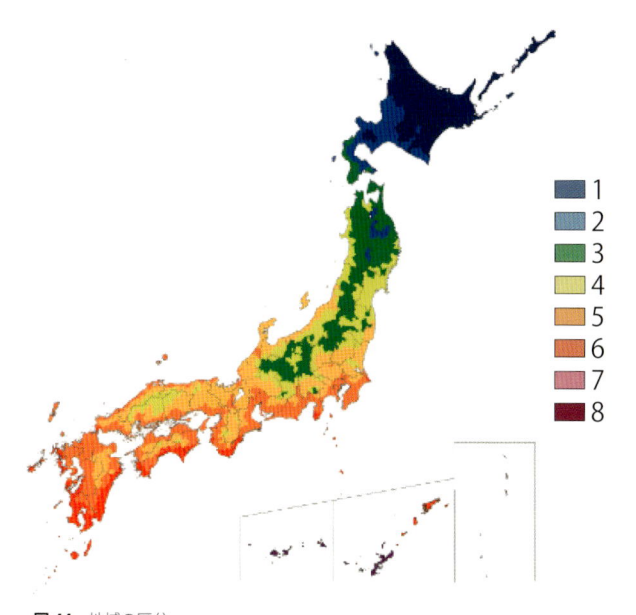

**図 44** 地域の区分

**詳細な地域区分の資料**：建築研究所の HP「平成 28 年省エネルギー基準に準拠したエネルギー消費性能の評価に関する技術情報（住宅）」2. エネルギー消費性能の算定方法→2-1 算定方法→第十一章 その他→第二節 日射に関する地域の区分と日射量等→データ：日射地域区分

# 26 │ 暖冷房の省エネ

M──まずは、暖房、冷房の省エネを考えましょう。

●──今までは寒いのと暑いのを我慢して、できるだけエアコンを運転しないのが省エネだと思っていたけど……。

M──省エネは我慢ではなく、小さなエネルギーで快適に暮らすという主旨で知恵を絞ることです。暖冷房の省エネには、気候・断熱・暖冷房範囲・暖冷房機器が関わります（**図45**）。ここでは、暖冷房範囲と暖冷房機器について説明します。

**図45**　暖冷房の省エネに関連する項目

●──暖冷房範囲とは、今のわが家のように一部屋だけ暖房しているとか、ホテルのように全館を暖房するとか……。

M──そうです。日本は居室間歇暖冷房が一般的ですが、欧米では全館連続暖房が当たり前です。省エネ基準の算定プログラムで計算すると、大きな差になります（**図46**）。
居室間歇暖冷房が13.9＋6で19.9GJなのに、全館連続暖房は100GJと5倍にもなってしまいます。

●──全館連続暖冷房にすると、どうしてこんなに？

M──全館連続暖房だと、大きなセントラルエアコンが設定されていて、この効率が悪いという理由もあります。

●──大きなエアコンは、効率が悪いのですか？

M──はい、エアコンは、小さい方が効率がよいのです。**図46**の真ん中は暖房だけ全館連続にして、冷房は居室間歇にしたものです。これだと、居室間歇暖冷房の3倍強になります。

●──居室間歇はいつ運転して、いつ止めているのですか？

M──そのスケジュールが**図47**です。平日と休日に分けて設定されています。LDKは14時間暖房しますが、子供室は3時間だけです。冷房だと、子供室、主寝室は就寝時にずーっと冷房しているという設定です。

●──暖房は少ない感じだけど、冷房はこれで十分ですね。

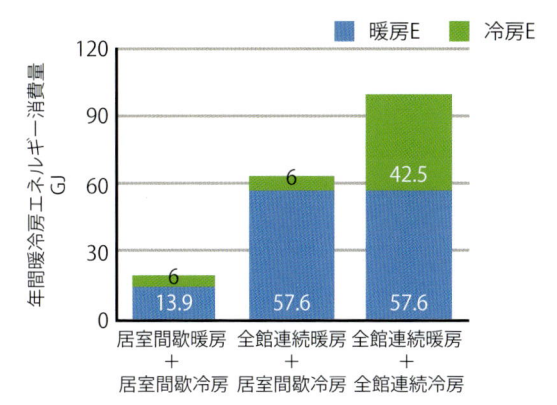

**図 46** 暖冷房範囲による年間エネルギー消費量の違い
（省エネ基準一次エネルギー基準値）

| | | 時間 | 0 | 1 | 2 | 3 | 4 | 5 | 6 | 7 | 8 | 9 | 10 | 11 | 12 | 13 | 14 | 15 | 16 | 17 | 18 | 19 | 20 | 21 | 22 | 23 | 0 |
|---|---|---|---|---|---|---|---|---|---|---|---|---|---|---|---|---|---|---|---|---|---|---|---|---|---|---|---|
| 暖房 | 居間・食事室・台所 | 平日 | | | | | | | | | | | | | | | | | | | | | | | | | |
| | | 休日 | | | | | | | | | | | | | | | | | | | | | | | | | |
| | 子供室1 | 平日 | | | | | | | | | | | | | | | | | | | | | | | | | |
| | | 休日 | | | | | | | | | | | | | | | | | | | | | | | | | |
| | 子供室2 | 平日 | | | | | | | | | | | | | | | | | | | | | | | | | |
| | | 休日 | | | | | | | | | | | | | | | | | | | | | | | | | |
| 冷房 | 居間・食事室・台所 | 平日 | | | | | | | | | | | | | | | | | | | | | | | | | |
| | | 休日 | | | | | | | | | | | | | | | | | | | | | | | | | |
| | 子供室1 | 平日 | | | | | | | | | | | | | | | | | | | | | | | | | |
| | | 休日 | | | | | | | | | | | | | | | | | | | | | | | | | |
| | 子供室2 | 平日 | | | | | | | | | | | | | | | | | | | | | | | | | |
| | | 休日 | | | | | | | | | | | | | | | | | | | | | | | | | |
| | 主寝室 | 平日 | | | | | | | | | | | | | | | | | | | | | | | | | |
| | | 休日 | | | | | | | | | | | | | | | | | | | | | | | | | |

凡例 ◆——▶暖冷房運転時間帯（起居時）、◆---▶暖冷房運転時間帯（就寝時）

**図 47** 居室間歇暖冷房の暖冷房スケジュール

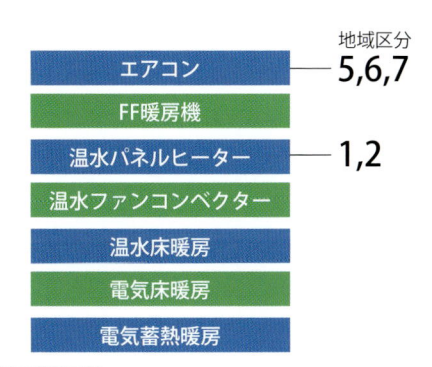

地域区分

エアコン —— **5,6,7**

FF暖房機

温水パネルヒーター —— **1,2**

温水ファンコンベクター

温水床暖房

電気床暖房

電気蓄熱暖房

上から下に向かって、燃焼効率が落ちていきます。やはり、エアコンが一番高効率です。

**図 48** 暖房機の種類と地域別の基準暖房機

# 27 | 通風の省エネ

●——私は冷房しながら寝るのが好きではなくて、窓開けて風を入れているのですが、通風だって省エネなんですよね？

M——はい、算定プログラムの冷房の中に「通風」の項目があります。でも、通風による冷房に対する省エネ効果は6地域で3%弱しかありません（**図49**）。3地域では16%ありますが、北国なので冷房はほんのわずかです。また、冷房自体の消費エネルギーも居室間歇なら6GJと少ないこともあって、通風の省エネ効果はほんの少しでしかありません。

| | | 削減率 | 冷房一次エネルギー　MJ |
|---|---|---|---|
| 6地域 | 通風なし | — | 6,036 |
| | 通風5回/時 | 2.6% | 5,880 |
| 3地域 | 通風なし | — | 1,219 |
| | 通風5回/時 | 16.4% | 1,019 |

**図49**　通風の省エネ（冷房の削減）
（省エネ基準一次エネルギー算定プログラムで計算）

●——省エネとしての効果は小さいけど、通風は大事ですよね。

M——通風は、日本らしさの象徴のようなものですから大事にしたいです。寝冷えするほど夜間に外気温が下がるところや、春や秋の中間期には通風を楽しみたいものです。

●——でも、最近は家が多くなって、前ほど風がきませんね。

M——通風で大切なことは、2方面の窓が必要だということです。1面に窓を並べても、風は流れません。その2方面以上の窓の存在と、窓の大きさで通風量を評価します（**図50**）

●——2方面なら横に流れてもいいのですよね。

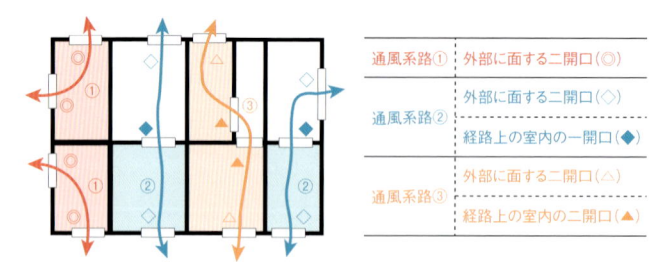

| 通風系路① | 外部に面する二開口（◎） |
|---|---|
| 通風系路② | 外部に面する二開口（◇） |
| | 経路上の室内の一開口（◆） |
| 通風系路③ | 外部に面する二開口（△） |
| | 経路上の室内の二開口（▲） |

**図50**　通風は2方面の窓が必要

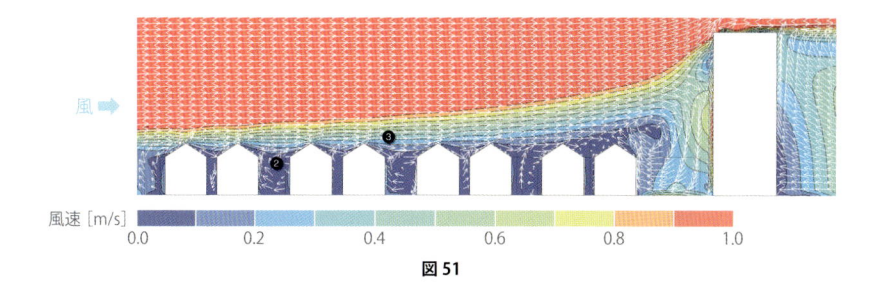

風速 [m/s]
0.0　　　0.2　　　0.4　　　0.6　　　0.8　　　1.0

図 51

M──はい。でも都会の密集地だけでなく、一般の住宅地でも、壁に付いた窓が真正面から風を受けることは期待薄です。

●──風が入らないということ？

M──風は、家が混み入っていれば壁に当たらずに、**図 51** のように屋根の上をすり抜けてしまいます。また、屋根だけでなく道路も走ります。なので、道路に面した窓にウインドキャッチャーを付けて、風を取り込む方法があります（**図 52**）。

●──ウインドキャッチャーを付けると、6 倍も風が入るのですね。

M──はい。もう一つ、通風で有効なテクニックが外気冷房です。

●──外気で冷房するのですか？

M──機械を使わずに、温度差換気というものを利用します。家の中の温度が外気温より高くなると、下から上に空気が流れます（**図 53**）。温度差が大きいほど、窓の高低差が大きいほどよく流れます。

●──風をつくることができるのですね。

M──風が吹くというレベルではありませんが、暑苦しくなく就寝できるほどの室温に下げる効果はあります。

●──この画像（**図 54**）は、その外気冷房の様子を見せているのですね。下から入って、上からちゃんと出ていますね。風がみれるなんてスゴイ。

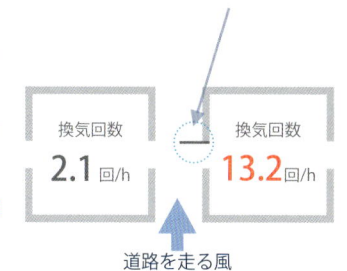

換気回数
**2.1** 回/h

換気回数
**13.2** 回/h

道路を走る風

図 52　ウインドキャッチャーの効果

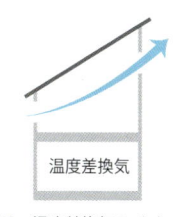

温度差換気

図 53　温度差換気のイメージ図

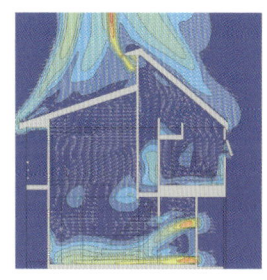

図 54　温度差換気のシミュレーション画像

# 28 | 日射遮蔽と日射取得

M──冷房の省エネは通風の他に、断熱、日射遮蔽、そしてエアコンの効率が関係します（**図55**）。ついでに暖房にも目を向ければ、暖房では断熱の他に日射取得、暖房設備の効率が関わります。6地域のように温暖な土地では、暖房もエアコンで行うのが一般的です。

●──石油ストーブとサヨナラですね。先ほどエアコンが他の器具より、効率が高いといっていましたよね。

M──そうです。寒冷地ではエアコンの効率は落ちてきますが、温暖地ではエアコンが省エネのエースです。**図56**を見てください。年間暖房エネルギー消費を、省エネ基準の算定プログラムで計算して比較したものです。
暖房では、「断熱を30%アップ」させると4.1GJも減ります。日射取得熱量を30%アップさせると1.1GJ削減で、エアコンを最も効率の高いものにしても1.0GJですから、日射取得はとても重要な要素だとわかります。
一方、冷房では断熱を30%upすると、0.4GJ増えてしまいます。通風しても0.2GJ減るだけ、エアコンを高効率にしても0.7GJ、最も省エネなのは日射取得熱を30%減らすことで1.2GJも減ります。

●──夏の日差しを、部屋の中に入れてはいけないのですね。

M──夏は……ですね。冬は積極的に日射を取入れましょう。

●──そんな矛盾したことを、どうすればできるのですか

M──夏の南面の日差しは、角度が高いので庇や軒で防ぎ、冬の日差しは低いので、庇や軒の下から取り込みます（**図57**）

●──なるほど、庇や軒は日本伝統の優れものなんですね。

M──でも、東西面は陽が低いので庇ではなく、簾のような垂直遮蔽物が有効です。外付けブラインドが優れものです。**図58**は窓の、**ガラスのみ**と**障子**と**外付けブラインド**を付けたときの日射熱取得量で、外付けブラインドが断トツです。

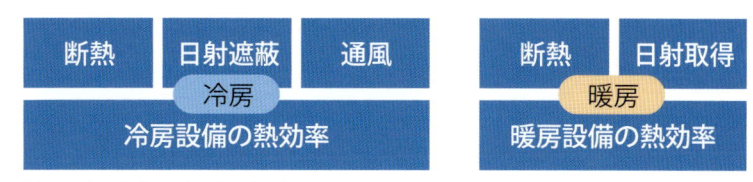

図55　冷房と暖房の省エネ要素の色々

| | 省エネ手法 | 年間 E 量　GJ | 削減量　GJ |
|---|---|---|---|
| 暖房 | 暖房年間消費量の基準値 | 13.9 | − |
| | 断熱 30%増（$U_A$ 値 0.61） | 9.8 | 4.1 |
| | 日射熱取得率 $\eta$30%増 | 12.8 | 1.1 |
| | 高効率エアコン（い） | 12.9 | 1.0 |
| 冷房 | 冷房年間消費量の基準値 | 6.0 | − |
| | 断熱 30%増（$U_A$ 値 0.61） | 6.4 | −0.4 |
| | 日射熱取得 $\eta$30%減 | 4.8 | 1.2 |
| | 高効率エアコン（い） | 5.3 | 0.7 |
| | 通風（5 回/時）あり | 5.8 | 0.2 |

図56　暖冷房の各省エネ要素の年間エネルギー削減量
　　　（省エネ基準一次エネルギー算定プログラムで計算）

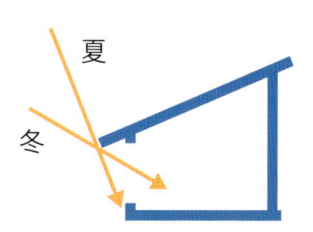

図57　南面は庇や軒の出が巧みに日
　　　差しを操る

写9　外付けブラインド

| ガラス | $\eta$ 値（日射熱取得率） | | |
|---|---|---|---|
| | ガラスのみ | 障子 | 外付けブラインド |
| ペアガラス（A6） | 0.79 | 0.38 | 0.17 |
| Low-E（A12）日射取得型 | 0.64 | 0.38 | 0.15 |
| Low-E（A12）日射遮蔽型 | 0.40 | 0.26 | 0.11 |

図58　窓ガラスと附属部材を組み合わせた日射熱取得率の比較

# 29 | 給湯の省エネ

M──給湯の省エネは、熱源、配管、水栓・浴槽の 3 要素で検討します（**図 60**）。水栓が省エネになるなんて意外ですか？

●──いえ、そんなことありません。わが家では、台所の水栓もシャワーヘッドも省エネタイプに取り替えました。

M──進んでますねえ。では、エコキュートは知っていますか？

●──確か TV の CM で見たような……、いじめないでくださいよ。

M──ではまず熱源ですが、地域によって基準値になるものは違いますが、6 地域の場合はガス給湯器です（**図 59**）

●──一番上のですね。自分が基準だから削減量はないけど、自分で年間 27.6GJ も消費しているということですよね。

M──はい、これをガス潜熱給湯器に変えると、5.6GJ 削減するので 20% の省エネです。電気ヒートポンプ式にすると、8.2GJ で目標の 30% マイナスになりますね。

●──こうして見ていけば、30% マイナスが希望をもって見ていけますね。あら、電気ヒーターは逆に 2 倍に増えてる……？

M──そうです、これが一次エネルギーで説明したように「電気の生炊き」というものですね。

●──潜熱とかヒートポンプとか、一体どんなものですか？

M──はい、後で詳しくご説明します。ここでは 55 頁で配管、水栓、浴槽の断熱について説明します。

| 分野 | 機器，仕様 | 削減量　MJ | 削減率 |
|---|---|---|---|
| 熱源 | ガス従来型給湯器（基準値） | (27,559) | ― |
| | ガス潜熱回収給湯器 | 5,575 | 20% |
| | 電気ヒーター給湯器 | −32,149 | −216% |
| | 電気ヒートポンプ給湯機 | 8,202 | 30% |
| | 電気ヒートポンプ・ガス瞬間式併用型給湯機 | 12,358 | 45% |
| 配管・水栓浴槽 | 配管・水栓・浴槽すべてあり | 5,859 | 21% |

**図 59** 給湯の分野、機器別の年間エネルギー消費削減量と削減率
（省エネ基準一次エネルギー算定プログラムで計算）

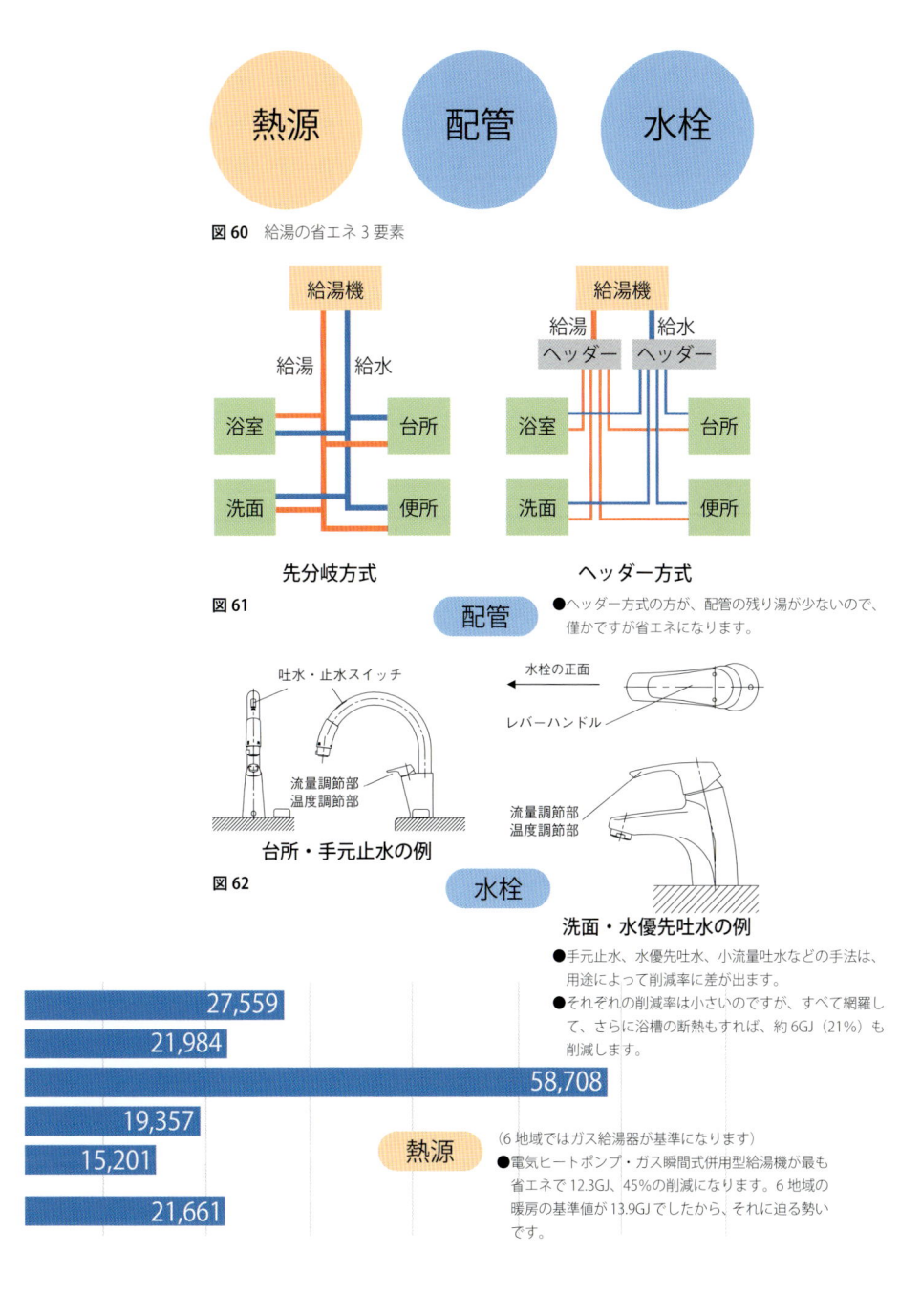

図60 給湯の省エネ3要素

先分岐方式

ヘッダー方式

図61

配管

●ヘッダー方式の方が、配管の残り湯が少ないので、僅かですが省エネになります。

吐水・止水スイッチ

水栓の正面

レバーハンドル

流量調節部
温度調節部

台所・手元止水の例

図62

水栓

流量調節部
温度調節部

洗面・水優先吐水の例

●手元止水、水優先吐水、小流量吐水などの手法は、用途によって削減率に差が出ます。
●それぞれの削減率は小さいのですが、すべて網羅して、さらに浴槽の断熱もすれば、約6GJ（21%）も削減します。

27,559
21,984
58,708
19,357
15,201
21,661

熱源

（6地域ではガス給湯器が基準になります）
●電気ヒートポンプ・ガス瞬間式併用型給湯機が最も省エネで12.3GJ、45%の削減になります。6地域の暖房の基準値が13.9GJでしたから、それに迫る勢いです。

# 30 | 潜熱回収給湯器の謎

● ── お風呂は風呂釜で、台所は瞬間湯沸かし器でした。

M ── そうですね。今ではセントラル給湯になって、台所、洗面、風呂に湯を配ります。その熱源機はガスや石油の湯沸かし器でしたが、熱効率は80%程度でした。そこに革命を起こしたのが、潜熱回収とヒートポンプです。

● ── **図63**のように、上から熱が20%逃げていたのですね。

M ── その逃げてた熱で湯沸かし器に送られる水を余熱することで、熱ロスを5%に抑えたのが潜熱回収です（**図64**）。

● ── なるほど。右の排水というのはなんですか？

M ── 余熱はすでに温度が下がっているので、水の管に触れると結露してしまうのでドレンで排水するのです。

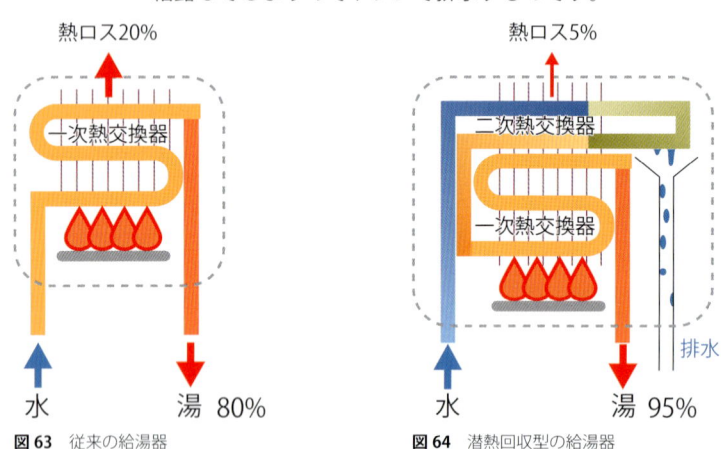

**図63** 従来の給湯器　　　　**図64** 潜熱回収型の給湯器

● ── なるほど。余熱と結露。ではヒートポンプとは？

M ── ヒートポンプは57頁で説明しますが、ヒートポンプを使った熱源機はさらに効率が高く、300%にしてしまいます。

● ── えっ、300%？　まるで魔法のよう？

M ── はい、1のエネルギーで3の熱をつくります。でも、その1は電気なので、2.7で計算しなければなりません。なので、一次エネルギーの計算では、3÷2.7で110%の効率となります。

<COP、AFP、JIS>ヒートポンプの効率を示すのがCOPとAFPです。COPは「エネルギーの消費効率」で、投入したエネルギーが1で3の熱をつくればCOPは3です。AFPは「通年エネルギー消費効率」のことで、暖房と冷房を併せた年間の効率を示します。最近は、AFPしか表示されないことがあります。また、給湯では日本らしく追い焚きも含めた効率として、JISがつくられています。

# 31│ヒートポンプの魔法

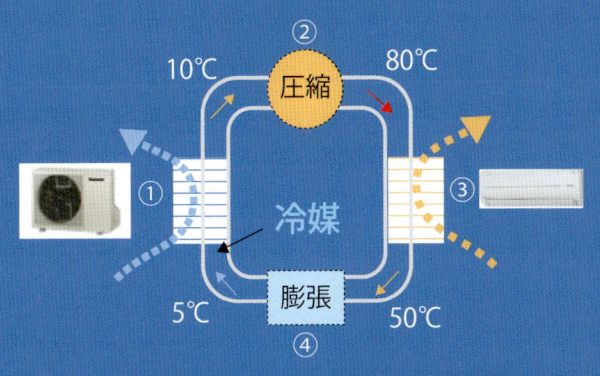

**図65** ヒートポンプの原理

①低温の冷媒は自分より温度の高い外気に触れて（室外機で）、気化しながら熱を吸収（くみ上げ）します。

②熱をもらった空気は、圧縮機で圧縮されて、さらに高温になります。

③高温の冷媒は、室内機で部屋の空気と熱交換して暖房します。

④温度を下げた冷媒は膨張機で膨張して、さらに低温になり、室外機に戻ってきます。この循環を繰り返しながら暖房します。つまり、電気は自ら熱をつくるのではなく、冷媒を循環、圧縮、膨張させる動力に使われるだけで、電力量はわずかで済みます。このため、1の投入で3〜6の熱をつくるという、魔法をやってみせるのです。この流れを逆にすると、冷房ができ、放熱する熱交換の相手を水にすればヒートポンプ給湯機になります（**図66**）。

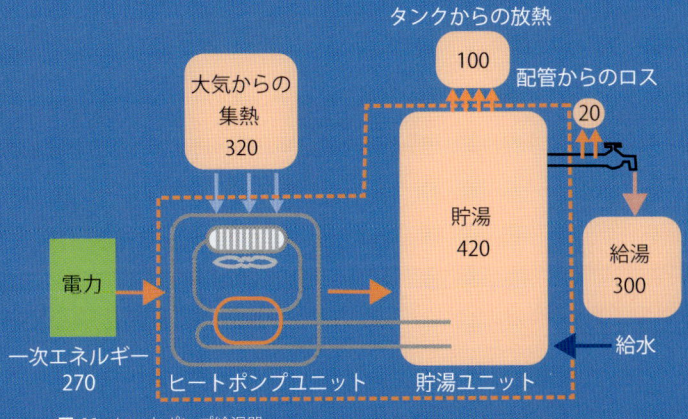

**図66** ヒートポンプ給湯器

# 32 | 換気の省エネ

M——換気の定義と高気密との関連は 32 頁で説明しましたので、ここでは換気の省エネにストレートに切り込みます。

●——なんだか意気込んでいますね。換気のエネルギーといえば、暖房の熱が換気とともに逃げていくことですよね。

M——確かにそのとおりですが、ここでの換気のエネルギー消費は換気設備自体の電力量を対象にしたものです。

●——では、暖冷房での熱のことは無視しているのですか？

M——いいえ、換気による暖房の熱損失については、暖房消費エネルギーの中で計算されています。

●——換気の電力だけなら、大したことはないでしょう。扇風機のようなものですものね。

M——扇風機は夏の一時だけ運転するのに対して、換気は 365 日連続運転するので疎かにできません。換気の年間消費エネルギーは 4.5GJ 程度で、全体の 5〜6% を占めます。

●——熱交換換気はとても省エネなんですよね。

M——温暖地では、**図 67** のように居室間歇暖房ではメリットはありません。暖房が減っても電力消費が増えるので。

●——あらまぁ。なぜ、熱交換は電力が大きいのですか？

M——給気と排気の二つのファンが動くからです。今では AC（交流）から DC（直流）モーターにしたり、太いダクトにしたり、夏以外は熱交換しない工夫も始まっています。

| 暖房範囲 | 換気仕様 | 暖房一次E | 換気一次E | 暖房+換気 | 削減率 |
|---|---|---|---|---|---|
| 6地域 居室 間歇暖房 | 第3種（比消費電力0.3） | 13,383 | 4,542 | 17,925 | — |
| | 第3種（ダクト太い+DC） | 13,935 | 2,469 | 16,404 | 8% |
| | 熱交換あり（ダクト太い+DC） | 12,442 | 5,284 | 17,726 | 1% |
| 6地域 全館 連続暖房 | 第3種（比消費電力0.3） | 57,619 | 4,542 | 62,161 | — |
| | 第3種（ダクト太い+DC） | 57,619 | 2,469 | 60,088 | 3% |
| | 熱交換あり（ダクト太い+DC） | 50,576 | 4,834 | 55,410 | 11% |

**図 67** 第 3 種換気と熱交換換気の省エネ効果の比較（MJ）
（省エネ基準一次エネルギー算定プログラムで計算）

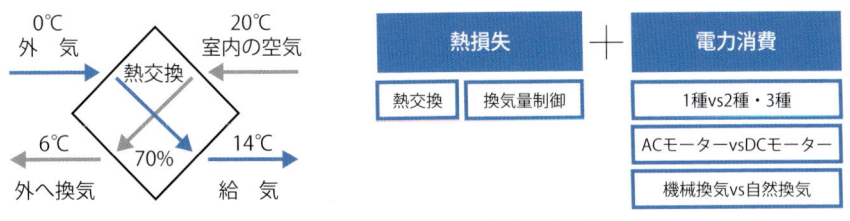

| 局所換気 | 全体換気 | | | |
|---|---|---|---|---|
| | 給排気型 | 給気型 | 排気型 | 自然換気 |
| 便所・浴室等 | 第1種 | 第2種 | 第3種 | 第4種 |
| レンジフード | 熱交換 | | | |

最近のレンジフードには循環型（暖房熱損失なし）が登場

全体換気は第1種から第4種までありますが、一般的には第1種・熱交換と第3種換気が使われます。

**図68** 換気の種類

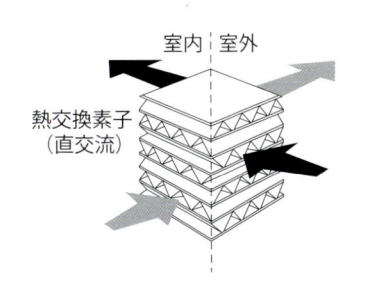

**図69** 熱交換の原理（熱交換率70%の例）

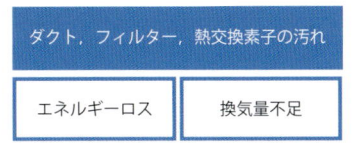

| 熱損失 | ＋ | 電力消費 |
|---|---|---|
| 熱交換　換気量制御 | | 1種vs2種・3種 |
| | | ACモーターvsDCモーター |
| | | 機械換気vs自然換気 |

**図70** 換気の熱損失と電力消費の各省エネ手法

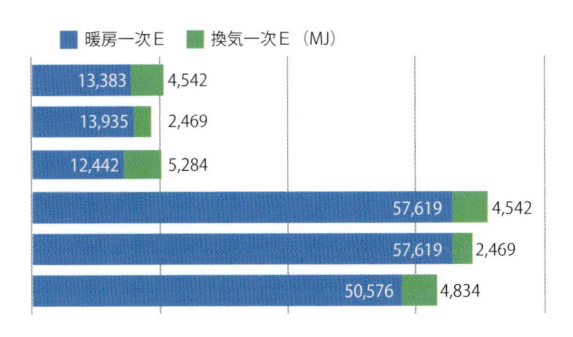

| ダクト，フィルター，熱交換素子の汚れ |
|---|
| エネルギーロス　　換気量不足 |

メンテナしないと、エネルギーを増やし、換気量を減らします。欧州では、換気がクローゼットの中にあったりして、メンテしやすくなっています。

**図71** 換気はメンテが肝心

■ 暖房一次E　■ 換気一次E（MJ）

| | |
|---|---|
| 13,383 | 4,542 |
| 13,935 | 2,469 |
| 12,442 | 5,284 |
| 57,619 | 4,542 |
| 57,619 | 2,469 |
| 50,576 | 4,834 |

**写10** クローゼットを開けたら、中には大きな換気装置が……

# 33 | 照明の省エネ

●──照明の省エネなら LED ですよね。

M──確かに LED は省エネですが、それは「機器による省エネ」で、他に「運転・制御による省エネ」と「設計による省エネ」を検討しなければいけません（**図73**）。

●──何だか難しい言葉ばかりで、照明が見えてきませんね。

M──つまり、LED のような高効率な照明器具を使うことの他に、調光や人感センサーで不要なときに自動で消したり、一室に大きな照明で明るくするのではなく、多灯分散照明で必要な場所だけ明るくするような工夫です。

●──どんな方法が一番効果があるのですか？

M──**図72** で、各々の省エネ度を見てみましょう。

「いずれの機器にも白熱灯を使用している」のが基準値です。

●「全て LED を使用し、全ての部位で多灯分散や調光、人感センサーをあり」にすると、58%（6.3GJ）も削減します。同じように、「全て白熱灯以外を使用する」は 46%（5.0GJ）削減します。

●LED の方が、白熱灯以外より 2、3 割省エネになります。

●主たる居室の削減量が大きく、非居室の削減は僅かです。

●LED や白熱灯以外に比べ、「調光」「人感センサー」「多灯分散照明」の省エネ効果は小さなものです。

| | 仕様 | 削減量　MJ | 削減率 |
|---|---|---|---|
| | デフォルト（基準値） | ―　（10,855） | ― |
| 主たる居室 | 全てLED | 3,444 （2,709） | 31% （25%） |
| | 全てLED+多灯分散照明 | 3,843 （3,222） | 35% （30%） |
| | 全てLED+多灯分散照明+調光 | 4,017 （3,446） | 36% （32%） |
| その他の居室 | 全てLED | 1,944 （1,447） | 17% （13%） |
| | 全てLED+調光 | 2,118 （1,670） | 19% （15%） |
| 非居室 | 全てLED | 255　　（0） | 2% （0%） |
| | 全てLED+人感センサー | 305　（64） | 2% （1%） |
| 全てLED+全てあり | | 6,267 | 58% |
| 全て白熱灯以外+全てあり | | 4,958 | 46% |

**図72** 照明の各種省エネ手法の効果（全て白熱灯以外の場合）
（省エネ基準一次エネルギー算定プログラムで計算）

| 機器による省エネ | 運転・制御による省エネ | 設計による省エネ |
|---|---|---|
| 高効率照明器具 | 点滅，調光，人感センサー | 多灯分散照明 |

**図73** 照明の省エネ3要素と手法

### 一室一灯照明

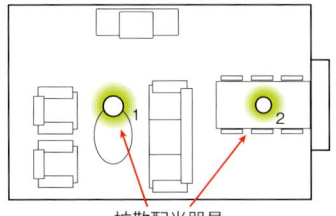

拡散配光器具
（蛍光灯のシーリングライトなど）

### 多灯分散照明

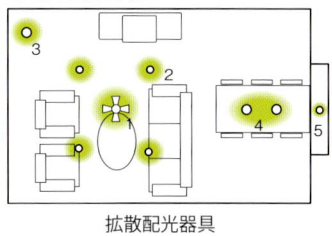

拡散配光器具
＋
ペンダント
＋
フロアスタンド……

**図74** 多灯分散照明の条件
多灯分散照明の省エネは、合計消費
電力が一室一灯照明の同等以下であ
るが条件になります。

照明のエネルギー消費量は11GJもある

消費量 MJ

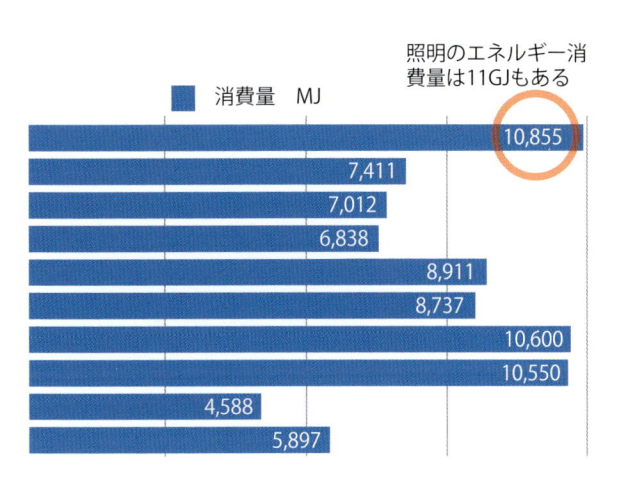

| | 消費量 MJ |
|---|---|
| | 10,855 |
| | 7,411 |
| | 7,012 |
| | 6,838 |
| | 8,911 |
| | 8,737 |
| | 10,600 |
| | 10,550 |
| | 4,588 |
| | 5,897 |

照明の省エネで大切なことは、必要な明るさを知ることです。明るさの基本は、脚元の明るさが得られる床面照度50lx程度を基準にし、その照度の2倍の100lxを居室の標準的な明るさとし、さらにその2倍の200lxを高齢者などに対応する明るさに、読書や裁縫など手元の明るさを必用とする明るさを400lxと想定します。また、明るさは内装の反射率に影響するので、反射率と部屋の大きさから必要な明るさを判断します。これを「単位光束」と呼びます。

# 34 | 太陽熱給湯の創エネ

● — 昔は太陽熱温水器を屋根に載せる家が沢山あってブームになったけど、今はすっかり太陽光発電の時代ですね。

M — とはいえ太陽熱温水器は創エネ効率も高く、無料のお湯をつくってくれて Rich な気分です。

● — なにやら2種類あるようですね（**図75**）。

M — はい、太陽熱を直接集熱して自然循環させる太陽熱温水器と、強制循環式でタンクに貯湯し、色々な用途の給湯に利用できるソーラーシステムに分類されます。

● — 南向きとか、傾斜の角度が重要なのでしょうね。

M — そうですね。真南で傾斜角 30° が最高ですね。

● — あら、ソーラーシステムの方が大掛かりでハイテクに見えるのに、**図76**をみると太陽熱温水器と変わりないのですね。

M — はい、強制循環させるポンプの電力が負担になるので……。

写 11

| 太陽熱温水器 | ソーラーシステム |
|---|---|
| 自然循環式（直接集熱） | 強制循環式（間接集熱） |

**図 75**　太陽熱給湯の種別

| 集熱 | 仕様 | 給湯一次E MJ | 削減量 MJ |
|---|---|---|---|
| （基準）ガス給湯器 | | 27,637 | 27,637 |
| 太陽熱温水器 | 3m² | 22,555 | 5,004 |
| | 6m² | 18,494 | 9,143 |
| ソーラーシステム | 3m²・150ℓ | 23,687 | 3,950 |
| | 6m²・400ℓ | 18,731 | 8,906 |

■ 給湯一次E　（MJ）

- 27,637
- 22,555
- 18,494
- 23,687
- 18,731

**図76**　太陽熱温水器とソーラーシステムの年間給湯一次エネルギー削減量（6 地域・A3）
（省エネ基準一次エネルギー算定プログラムで計算）

# 35 | 太陽光発電の創エネ

● ――太陽光発電が大流行ですが、どれだけ省エネかしら？

M――はい、太陽光発電は 3kWh とか 5kWh といった具合に規模を表現しますが、1kWh のパネルは年間 1,000kWh ほど発電します。1kWh は 3.6MJ なので、1,000×3.6×2.7（電気の一次エネルギー換算係数）≒10GJ になります。1kW の太陽光発電は≒10GJ 創エネするということです。

● ――でも、冬に日射の少ないところもありますよね。

M――太陽光発電は、温度が低い方が発電効率が高まるので、雪国でも冬以外は有利に働いて地域差は小さいのですが、**図77** のように年間日射地域区分により 1〜2 割違ってきます。

| 年間日射地域区分 | A2 | A3 | A4 | A5 |
|---|---|---|---|---|
| 3kW での年間一次エネルギー削減量（GJ） | 24.4 | 27.0 | 30.0 | 32.6 |

**図77** 太陽光発電 3kWh の創エネ量（GJ）

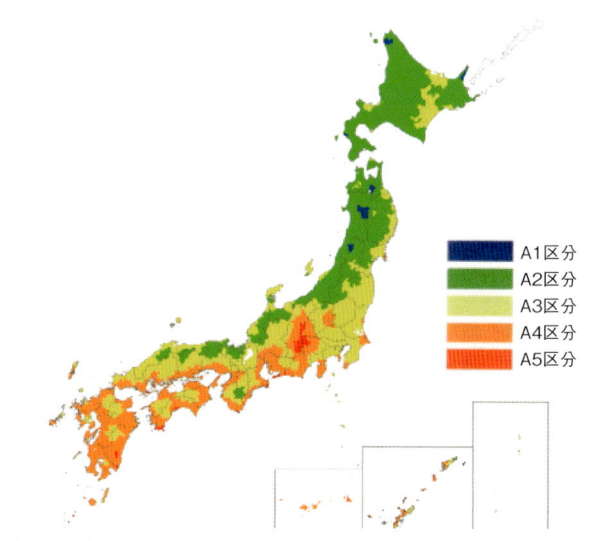

A1区分
A2区分
A3区分
A4区分
A5区分

**図78** 年間日射地域区分
詳細な地域区分の資料：建築研究所の HP「平成 28 年省エネルギー基準に準拠したエネルギー消費性能の評価に関する技術情報（住宅）」2. エネルギー消費性能の算定方法→2-1 算定方法→第十一章 その他→第二節 日射に関する地域の区分と日射量等→データ：日射地域区分

# 36 │ コージェネレーション(CGS)の創エネ

●──コージェネレーション？　舌を噛みそうな名前ね。

M──長いのでCGSに短縮します。ガスエンジンや燃料電池を用いて、敷地内で発電し、同時にお湯もつくるものです。

●──電気も、お湯もつくってしまうとはすごいですね。

M──電気は発電所から送電線を経て家まで届きますが、そのときに 2/3 のエネルギーがロスしています（**図79**）。

●──だから、電気は一次エネルギーで考えないといけない。

M──そうです、その発電を家の敷地内で行えば、発電でロスする熱でお湯がつくれます。分散型エネルギーの魅力です。

●──それで、37%の効率が 83%に増えたのですね（**図80**）。でも、電気が必要なときに、お湯もできちゃうとどうなるの？

M──ガスのCGSは温水をつくるのが得意で、燃料電池のCGSは発電が得意です。暮らし方でどちらかを選びます。

●──どのくらい省エネなんですか？

M──暖房、給湯の状況で違ってきますが、おおよその削減率は **図81** のようです。

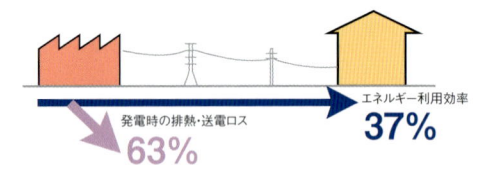

**図79**　従来のケース

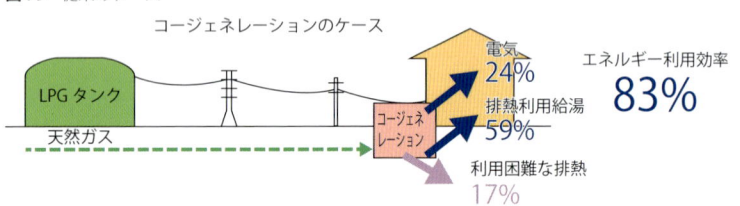

**図80**　コージェネレーションのケース

戸建住宅の給湯や床暖房の熱源機として、CGSを用いた場合の従来型のガス給湯器からのエネルギー削減率

| 家庭用コージェネレーション機器 | 削減率 |
|---|---|
| ガスエンジンCGS | 10%程度 |
| 固体高分子形燃料電池（PEFS）CGS | 16%程度 |
| 固体酸化物形燃料電池（SOFC）CGS | 18%程度 |

**図81**

（「自立循環型住宅への設計ガイドライン改修版」（一財）建築環境・省エネルギー機構より引用）

# 37 | 家電（その他）の省エネ

●──お陰様で沢山勉強してきましたけど、最後は家電ですか。

M──はい、家電は建築ではありませんので「その他」と呼んで、4人家族だと年間21.2GJで固定して計算します。また、ZEHでは家電は除いて計算します。なので、生活エネルギーの100%がゼロエネになるわけではありません。

●──6地域だと、暖冷房より大きなエネルギー量なんですよね。

M──はい。では、何が多く電気を使っているかわかりますか？

●──冷蔵庫じゃないかしら。エアコンのようなものだし。

M──正解です。冷蔵庫とTVとトイレの暖房便座が、3大エネルギー多消費家電なんです。

●──TVはわかるけど、暖房便座とは意外ですね。

M──図82のように、TVは2台で25%、冷蔵庫が20%で、暖房便座は一つ11%が2か所で22%もあるのです。

●──冷蔵庫は停められないけど、TVはダラダラみないようにして、暖房便座は温度を下げないといけませんね。

M──冷蔵庫は小電力になっていますが、一年中動いています。TVも省エネが進んでいますが、大型化しています。暖房便座は、家の断熱性を上げて暖かくなれば不要になります。

●──家ができたら、古い家電は買い換えを検討しなくては。

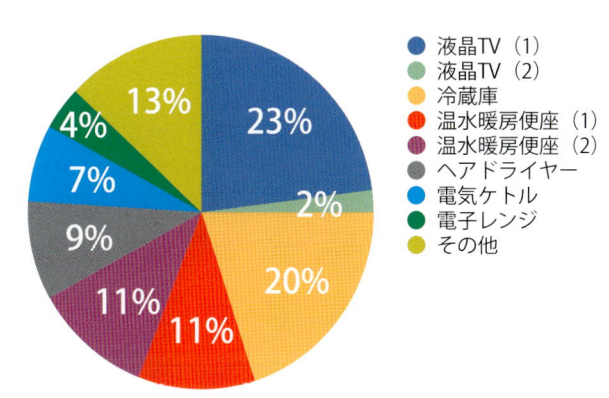

凡例：
● 液晶TV（1）
● 液晶TV（2）
● 冷蔵庫
● 温水暖房便座（1）
● 温水暖房便座（2）
● ヘアドライヤー
● 電気ケトル
● 電子レンジ
● その他

**図82** 2010年頃の一般的な住宅における家電機器の一次エネルギー消費割合モデル
（「自立循環型住宅への設計ガイドライン温暖地版」（一財）建築環境・省エネルギー機構より引用）

# 第6章

## 38 | 外皮基準

M──いよいよ最終コーナーの断熱に目を向けます。

●──断熱は、省エネ・健康・快適に関わる最重要課題ですね。

M──はい、省エネは省エネ設備を上手に選んで、目標の削減率に導けばよいのですが、断熱は暮らし方にまで目を向けて捉えなければいけません。

●──暮らし方とは、寒いのを我慢したり、逆にホテルのようにいつも暖かいことを楽しんだり、夏は風を感じて心地よいと思ったり……、ということですか？

M──そのとおりです。重要なことは、「快適は個人差もあるし、1人1人違ってよいものだ」ということです。これについては、追々話していきたいと思います。

●──快適は個人の自由。娘は冷房嫌いで、主人は冷房大好き。

M──ほー、割れていますね（笑）。まずは、省エネ基準の外皮基準をしっかり理解しましょう。外皮基準は、$U_A$ 値と $\eta_A$ 値の二つの基準をクリアしなければなりません。

●──また、宇宙語のようなものが出てきましたね。

M──スイマセン。$U_A$ 値と $\eta_A$ 値は 67 頁で説明します。

　・$U_A$ 値は熱の評価を、$\eta_A$ 値は夏の日射取得を評価します。どちらも基準値を下回ることが要求されます。

　・8 地域に分けて設定され、

　・$U_A$ 値は暖房期の評価なので、8 地域(沖縄)は除かれます。

　・$\eta_A$ 値は冷房期の評価なので、1〜4 地域は除かれます。

　・冷房の省エネで重要なのは、断熱より日射遮蔽です。なので、5 地域以南に $\eta_A$ 値の基準が設けられています。

| 気候地域区分 | 1 | 2 | 3 | 4 | 5 | 6 | 7 | 8 |
|---|---|---|---|---|---|---|---|---|
| 外皮平均熱貫流率 $U_A$ 値　W/m²K | 0.46 | 0.46 | 0.56 | 0.75 | 0.87 | 0.87 | 0.87 | ― |
| 冷房期平均日射熱取得率 $\eta_A$ 値 | ― | ― | ― | ― | 3 | 2.8 | 2.7 | 3.2 |

**図83** 省エネ基準・外皮基準の $U_A$ 値 $\eta_A$ 値

# 39 | $U_A$ 値と $\eta_A$ 値

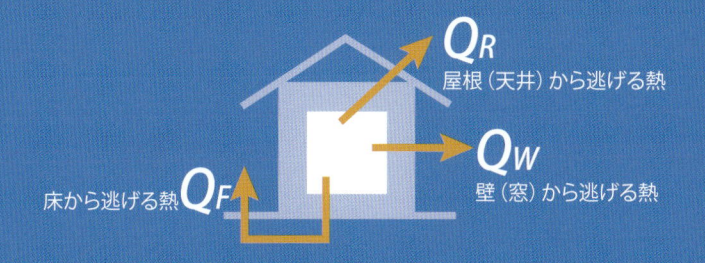

**外皮平均熱貫流率**
$$U_A値＝(Q_R＋Q_W＋Q_F)÷A$$
W/(m²K)                      外皮面積

$U_A$ 値は屋根（天井）と窓、ドアを含む壁、そして床から逃
げる熱の合計を外皮面積で割ったもの。
つまり、家を包む断熱性能を示します。

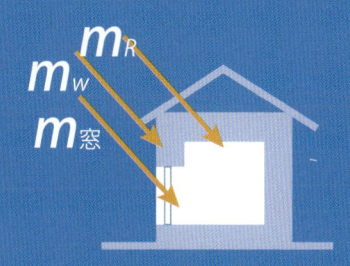

**日射取得係数**
$$\eta_A値＝(m_R＋m_W＋m_窓)÷A×100$$
外皮面積

$\eta_A$ 値は $m$ 値を外皮面積で割って、100 を掛けたものです。
つまり、土地に降り注ぐ日射熱が家の中へ侵入する割合で
す。

# 40 省エネ基準じゃ寒い

● ——省エネ基準は「今」のレベルだから、基準をクリアしても省エネにはならないと 38 頁で説明されましたよね。

M ——はい、算定プログラムで何も触らずに「計算」結果だけを見れば、むしろ設計一次の方が大きいくらいです。これを暖房の熱効率を上げたり、断熱性を高めることで省エネにしていくのです。

エネルギー消費量　　一次エネルギー換算した値［単位：GJ］

| | 設計一次 | 基準一次 |
|---|---|---|
| 暖房設備 | 13.9 | 13.4 |
| 冷房設備 | 6.0 | 5.6 |
| 換気設備 | 4.6 | 4.5 |

**図 84**　省エネ基準算定プログラムの結果（6 地域）

● ——工務店さんが「省エネ基準じゃ寒いです。もっと断熱性を上げないと。当社は超高断熱です」と威張っていました。

M ——工務店さんは常に実践で勝負していますから責任感もあり、寒いといわれれば原因を探る前に、省エネ基準の断熱性が低すぎるからと決めつけることがあります。

● ——省エネ基準の断熱性の他に、寒さの理由があるのですか？

M ——「寒い」の理由は単純ではありません。色んな要素で寒いと感じるので、それを断熱に押しつけてはいけません。沢山の「なぜ寒い」を知っていれば、断熱以外の寒い理由を減らしていけます。これが温熱設計の実力でもあります。

● ——温熱設計とはイイ響きですね。超高断熱より深みがありそうに聞こえます。で、寒い理由とは……沢山あるんでしょ？

M ——はい。気がつくままに 69 頁にまとめてみました（**図 85**）

● ——床が冷たいと寒く感じますね。窓辺もひんやり感が……。

M ——蓄熱性のある床に素足で触れると、表面温度が室温とそれほど違わなくても、体温を奪っていくので冷たく感じます。

● ——そんなときは、どうすればよいのですか。

M ——毛足の長い絨毯を敷くとか、畳にするとか……。

● ——窓辺の寒さはどうすれば？

M ——縁側をつくって、熱のクッションをつくるとか……。

● ——あら、南さん、なにか狡そうな顔していますよ。

M ——私は、そういう温熱設計を「狡い断熱」と呼んでいます。

太平洋側と日本海側とでは、冬の日射量が全然違い、室温に影響します。

居室間歇暖房では、非暖房室の温度が低くなります。

同じ地域の中でも、外気温が他より低い土地があります。

寒いと感じるのは、起床時が多いはずで、朝冷え込む土地は要注意です。

**外気温**

**日射量**　非暖房室の温度　起床時の温度

隣家の影響

どんなに日射量の多い土地でも、隣家の影になれば意味がありません。

室温　**体感温度**　表面温度

冷輻射

冷気

**給気**

**隙間風**

全体が高気密でも、部分的に隙間があれば、悔しいほどに冷気を感じます。

冷たい

換気の給気口から冷気が侵入します。冷気は壁を伝わって、床に落ちます。下に人がいれば、寒く感じます。

**図85**　寒いと感じる理由

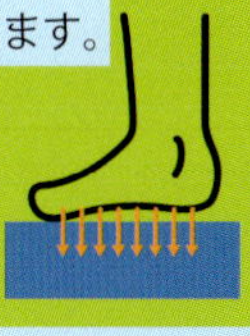

蓄熱性のある床に素足をのせると、蓄熱体が足裏と同じ温度になるまで吸い上げられて、冷たく感じます。

一般に、温度と読んでいるのは室温のことですが、人が感じる温度は体感温度（作用温度ともいいます）で、室温と壁、天井、床の各表面温度の平均です。壁などの表面温度が低い場合は、室温を高める必要があります。

# 41 | 基準・水準は目安の評価

M——さて、外皮基準には地域区分と代表都市という限界があります。地域区分は暖房度日で分けられていますが、そこに幅があるのです（**図 86**）

●——暖房度日とは何ですか？　D18-18 と書いてありますが。

M——外気温が 18℃以下になったら暖房を始めて、室温を 18℃に保つ日数と内外温度差を掛けたものです。つまり、どれほど暖房するかの単位です。

●——6 地域は 1,500〜2,000 未満で、北海道の 1 地域は 4,500 以上。3 倍も暖房しているのですね。

M——**図 87** は同じ 6 地域の東京都と福井県越廼村、同じ 5 地域の宇都宮市と新潟市を比較したものです。

●——同じ地域内でも随分違いますね。

M——はい、東京は 6 地域といっても 7 地域に近接し、越廼村はその中間にあります。さらに、暖房期日射地域区分（**図 88**）でも、東京は H3 で普通なのに、越廼村は H1 で「特に少ない地域」です。

●——同じ地域とはいっても、寒さでも冬の日射量でも、大きな差があるのですね。やっぱり福井県は寒そう。

M——もう一つ「寒い」と感じることで、気にしなければいけないのは朝の温度ですが、同じ 5 地域の宇都宮市と新潟市を比べると、宇都宮市の方がずっと低いのです。

●——新潟市は、雪が沢山で寒いというイメージですが、雪国の新潟市より内陸の宇都宮市の方が、朝は冷え込むのですね。

M——そうです、放射冷却ですね。もう一つ知っておきたいのが、各地域の代表都市です。6 地域の代表都市は岡山市です。

●——6 地域とは東京都や越廼村で、その代表都市が岡山市？

M——6 地域は、岡山市の気候で計算されるということです。岡山市は H4 ですから、H1 の越廼村は計算上で得をします。

●——「得」になっても、寒いといわれれば損ですね。

| 地域<br>区分 | 暖房度日<br>（D18-18） | 代表<br>都市 | 年間日射<br>地域区分 | 暖房期日射<br>地域区分 |
|---|---|---|---|---|
| 1 | 4,500 以上 | 北見 | A3 | H3 |
| 2 | 3,500 以上 4,500 未満 | 岩見沢 | A2 | H3 |
| 3 | 3,000 以上 3,500 未満 | 盛岡 | A2 | H3 |
| 4 | 2,500 以上 3,000 未満 | 長野 | A4 | H3 |
| 5 | 2,000 以上 2,500 未満 | 宇都宮 | A3 | H4 |
| 6 | 1,500 以上 2,000 未満 | 岡山 | A4 | H4 |
| 7 | 500 以上 1,500 未満 | 宮崎 | A4 | H3 |
| 8 | 500 未満 | 那覇 | A4 | － |

**図86** 省エネ基準の地域区分と代表都市の気候

| 都市名 | 気候区分 | 暖房度日<br>D18-18 | 暖房期日射<br>地域区分 | 最寒月の日最低<br>気温の平年値℃ |
|---|---|---|---|---|
| 東京都 | 6 地域 | 1,590 | H3 | 2.4 |
| 福井県越廼村 | 6 地域 | 1,703 | H1 | 2.5 |
| 栃木県宇都宮市 | 5 地域 | 2,090 | H4 | －3.1 |
| 新潟県新潟市 | 5 地域 | 2,262 | H1 | 0.1 |

**図87** 同じ地域でも気候がまるで違う例

暖房期の
日射が…
H1 特に少ない地域
H2 少ない地域
H3 中程度の地域
H4 多い地域
H5 特に多い地域

**図88** 暖房期日射地域区分

簡易計算
（省エネ基準）

モデル計算

地域区分

野中の一軒家

詳細計算

実設計計算

ピンポイント

隣家の影響

**図89** 簡易計算と詳細計算

※断熱・省エネを評価するには、**簡易計算**と**詳細計算**があります。省エネ基準は、安易さを求めて簡易計算で行います。**実設計**ではなく**モデル設計**で、**ピンポイントの土地**ではなく**地域区分**で、**隣家の影響**を無視して**野中の一軒家**で計算します。これら全体で、計算と実際とのずれが生じます。あくまで目安の評価です。

# 42 | HEAT20 水準

●——省エネ基準にも、大雑把なところがあるということですよね。

M——そうです。省エネ基準は最低基準という位置付けで、それ
以上に全体を引き上げようとする、つまり「底上げ」の意
味をもちます。

●——それを義務化するといえばハードルに見えますが、ただの
線が描いてあって、自由に超えていけばよいのですよね。

M——そうなんです。でも、その線が義務化という意識によって
高い壁に見えてしまったり、超えればそれで省エネ住宅だ
と胸を張ってみたくなるのですが、冷静にどんな断熱レベ
ルの家をつくるかを考えることが重要なのです。

●——住宅雑誌を見ていると、HEAT20 の G1 とかが話題ですが。

M——HEAT20 は国の基準ではなく、民間の研究委員会が提案し
ている推奨水準で、G1、G2 の二つの水準があります。
2019 年 6 月には、G3 が発表されました。

●——民間が推奨することで、どれだけの力があるのですか？

M——欧州では国の基準の他に、ドイツのパッシブハウスやスイ
スのミネルギーという水準があって、大活躍しています。

●——どんな活躍をしているのですか？

M——省エネ基準は日本と同じ**底上げ**の位置付けで、民間の水準
はそれよりもっと高いレベルに**誘導**する意味をもちます
（**図 90**）。一部の先鋭的な人たちが挑戦し、実践する中で問
題点を消化していき、その内には全体がこのレベルに移れ
る状況の中で、国の省エネ基準がレベルアップされていき
ます。

●——底上げと誘導……、国と民間の両輪の輪というわけですね。

M——はい。HEAT20 は省エネ基準に準拠する形で外皮計算を行
い、$U_A$ 値で評価します（**図 92**）。NEB と EB という呼び方
で、断熱と省エネを分けて評価しています（**図 91**）。

●——NEB と EB ？　また、わけのわからないものが……。

M——73 頁で解説します。HEAT20 は ZEH の強化断熱基準で参考
にされたり、業者の方々にも広く活用されています。

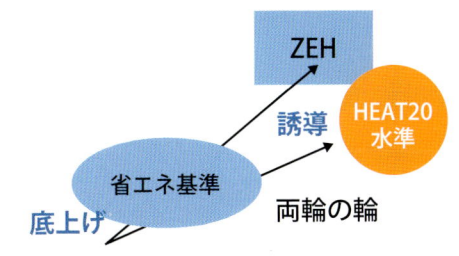

図90　国の基準と民間の水準の両輪の輪

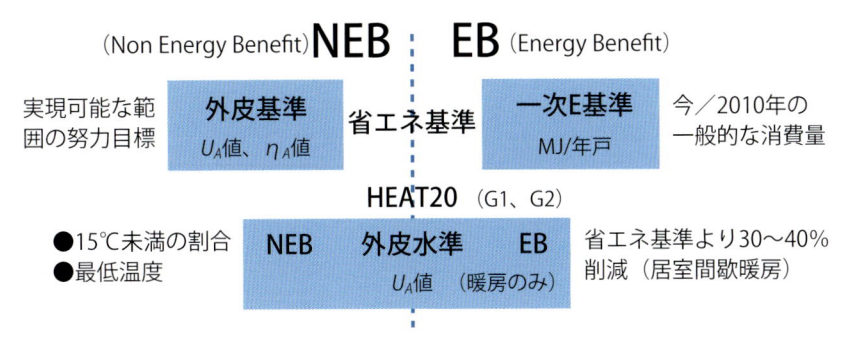

図91　省エネ基準と HEAT20 における NEB と EB の分類

NEB は Non Energy Benefit で健康・快適を意味し、EB は Energy Benefit で省エネを意味します。省エネ基準は2本立てですが、HEAT20 は二つを包含した $U_A$ 値で評価します。

| | 評価 | 1 | 2 | 3 | 4 | 5 | 6 | 7 | 8 |
|---|---|---|---|---|---|---|---|---|---|
| 省エネ基準 | $U_A$ | 0.46 | 0.46 | 0.56 | 0.75 | 0.87 | 0.87 | 0.87 | ― |
| | $\eta_A$ | ― | ― | ― | ― | 3 | 2.8 | 2.7 | 3.2 |
| ZEH 強化断熱基準 | $U_A$ | 0.4 | | 0.5 | | 0.6 | | | ― |
| HEAT20　G1 水準 | $U_A$ | 0.34 | | 0.38 | 0.46 | 0.48 | 0.56 | | ― |
| HEAT20　G2 水準 | $U_A$ | 0.28 | | | 0.34 | | 0.46 | | |

図92　省エネ基準と ZEH 断熱強化基準、G1、G2 の基準値

# 43 | 快適は色々あってよい

●──よく「健康と快適」を、二つを一緒にして話しますが、二つは違うものですよね。

M──たしかに健康で快適な……と、私もよくいっています。心身が安定している状態が健康ですが、快適と思うときは脈拍なども安定しているので、健康な状態といえます。でも、快適より健康の方が先にあって、健康でなければ快適を求めることもできないという順序で、私は考えています。

●──健康が一番とよくいいますが、健康があってこそすべてが始まるということですよね。そう思うと、快適もちろんほしいけどなくてもよかったりして、漠然としていますね。

M──ヒートショックや結露のない健康は絶対に超えなければいけないラインですが、快適に超えるべきラインがあるでしょうか。もちろん「省エネは快適とともに」が原則ですが、快適は人によって色んな感じ方があってよいと思います。

●──色々あってもよいけど、どんな色々があるのかしら？

M──温熱的快適は**図 93** のように「我慢でいい」「生殺し的」「絶対的快適追求」といった具合に色々あって、「我慢でいい」は健康を維持できたうえでが条件になりますし、暖冷房費が増えようが「絶対的快適」を追求すればエネルギーの垂れ流しになってしまいます。

●──なんですか「生殺し的」とは？　物騒な快適ですね……。

M──実は、私が築 70 年の古住宅を 20 数年前に断熱改修して以来、続けてきた生活体感から浮かび上がった温熱表現です。

●──南さんの家は築 90 年以上で、生殺し……、お化け屋敷のようですね。

M──やめてください。重要なのは朝の居間の温度で、15℃くらいが生殺しといえます。その 15℃未満の温度になる割合を、20%以下にできるのが HEAT20 の G1 水準で、15%以下が G2 です。あくまで目安ですが、この 15℃という温度を覚えておいてください。これからどんな生活をしたいのかを考えるうえで、室温が重要な意味をもってきますので。

絶対的な快適

暖冷房費が増えようが
快適を追求

愚かな快適追求

高性能にして
小さな燃費で快適に

知恵ある快適追求 　全館連続暖冷房

居室間歇暖冷房

生殺し的な快適

パッシブな生活を楽しみ、
日射が心地よく、
風が心地よい。
でも、自然まかせの曖昧さも

パッシブ的快適追求

我慢でいい

結露、ヒートショック
さえなければ、寒くて、
我慢の生活でもイイ

快適には踏み込まない

**図93**　快適は色々あってよいが……

## HEAT20（G1 G2）の NEB 水準

| 地域 | 冬季、住宅内の体感温度が 15℃未満になる割合 | | | 冬期間の最低の体感温度が おおむね下回らない温度 | | |
|---|---|---|---|---|---|---|
| 地域 | 1、2 | 3 | 4〜7 | 1、2 | 3 | 4〜7 |
| 省エネ基準 | 4%程度 | 25%程度 | 30%程度 | 10℃ | 8℃ | |
| G1 | 3%程度 | 15%程度 | 20%程度 | 13℃ | 10℃ | |
| G2 | 2%程度 | 8%程度 | 15%程度 | 15℃ | 13℃ | |

**図94**

※体感温度とは、室温だけでなく、周壁表面温度も含めた平均温度≒
室温＋1℃。つまり、室温だけしかみれないときは、16℃が体感温
度15℃と考えてください。

※暖房時間は、1、2地域は全居室連続暖房、3地域は主たる居室連続
暖房、4〜7地域は居室間歇暖房を想定（97頁）。現時点の普通の状
態。

※15℃未満になる割合の計算条件は、97頁を参照してください。

※冬期間の最低の体感温度は、家の中で一番低温になる部位の体感温
度で、結露に対する安全性が読み取れます。10℃を下回ると、不安
が残ります。

# 44 | 生殺し温度の曖昧パッシブ

M——拙宅は東京・新宿で、周りを低層の住宅から高層のビルに
囲まれた、庭をもつ一戸建てです（**写11**）。

●——お化け屋敷どころか、明るくて縁側が気持ちよさそう。

M——古住宅を断熱改修しただけで、伝統的な「開く」デザイン
に、「断熱＝閉める」を加えたパッシブデザインです。

**写11**　古住宅を断熱改修した拙宅

●——開けると閉めるのパッシブデザイン？

M——はい、晴れた冬に、日射をたっぷり取り込みながら、陽が
落ちれば縁側の障子を閉めて、窓から熱が逃げるのを防
ぐ……。開けたり閉めたりしながら、自然の恵を楽しむの
がパッシブデザインです。

●——日本的でいい感じですね。

M——断熱性は省エネ基準と同等で、20数年前なら胸を張ったレ
ベルですが、今では低レベルと酷評されています。それで
も都会の陽だまりで、生殺し温度の生活を実現しています。

●——そろそろ生殺しの正体を教えて下さいよ。

M——拙宅での冬の室温は（**図95**）、晴れた日（ほぼ連日のよう
に晴天が続く）は日射を受けて、1階が20〜21℃、2階は
24℃になります。この時、日射が届かない非暖房室は15℃
前後……これを私は「20度-15度」と呼んでいます（**図96**）。

●——日差しだけで、1階が21℃で、2階が24℃になるのですか？

M——はい、日が落ちた夕方には18-14℃に下がりますが、そこ
で炬燵があって、食事もするしテレビも見る「茶の間」を
暖房して20-15℃に戻して、寝る時には暖房を止めます
が、朝まで15-13℃をキープします。

●——2階の温度は寝る時が18℃くらいで、16℃くらいで起きて
いるんですね。

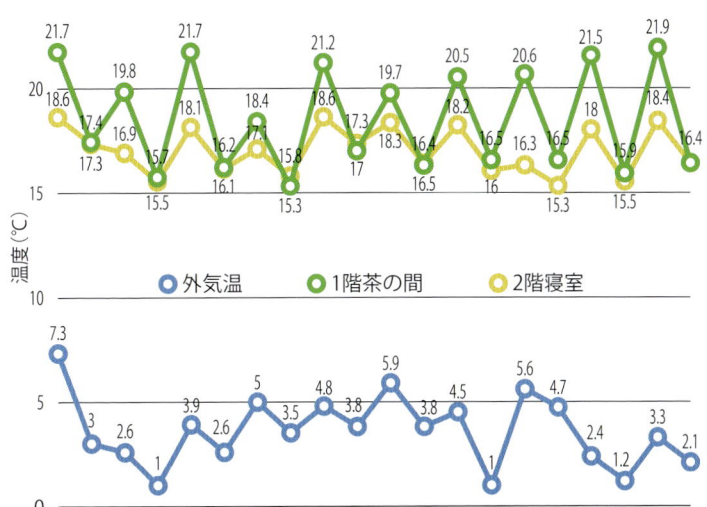

図95　拙宅茶の間と寝室の温度推移

M──18℃だと布団に入るのが楽しみで、朝起きる時は布団から出るのが少し寂しいですが、布団を出れば寒いとは感じないのが16℃です。

●──実は温度なんてまるで興味なく、温度計もありません。

M──珍しいことではありません。業者の人たちも、温度を測ったことのない人が多いのです。

●──では、布団を出てからはどんな感じですか？

M──着替えをして、洗面所で慌ただしく顔を洗えば、13℃は何ともありません。座敷が、15℃はやっぱり寒いですが、炬燵もあるし、時間もないし……、暖房したいような、しなくてもいいような……、こんな状態をどう表現してよいのかわからず、「生殺し温度」と呼んだのです。

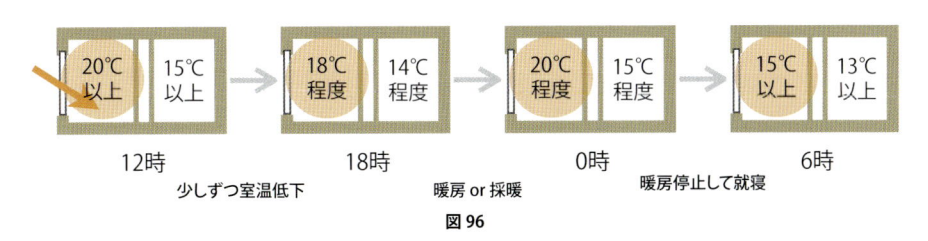

図96

# 45 | 健康の最低、快適の最低

●──生殺し温度……、朝は子どもも主人も慌ただしく、私は忙しいから暖房しないで、済ませてしまう気持ちはわかりますね。

M──寒いともいえず、もちろん暖かいわけもなく……、やり過ごせば無暖房のまま。つまり、生殺し温度は暖房と無暖房の分岐点で、もっと快適を求めれば暖房が始まり、そこからは省エネの領域が始まります（**図 97**）。

●──生殺し温度なんて嫌だと、暖房を始めればエネルギーを使うことになるから、そこからは省エネが必要なんですね。

M──生殺し温度は**快適の最低**……、つまり我慢の限界で、そこまでを日射熱や生活熱で実現する断熱レベルが「曖昧パッシブとしての求める断熱レベル」といえます。
HEAT20 の G1 はその目安になると、私は判断しています。

●──健康の最低が省エネ基準で、快適の最低が生殺し温度なら、暖房を始めてからの最低はどこになるのですか？

M──「暖房を始める」とは、全館連続暖房に向かっていることを意味します。なので今度は、全館連続暖房の最低を見つけなければいけません。健康とか快適の議論は居室間歇暖房だからすることであって、全館連続暖房はいつも20℃という環境ですから、健康と快適は確保できています。なので断熱は、ストレートに省エネに働くことになるのです。

●──ヨーロッパのように断熱＝省エネと同じですね。

M──**図 98**、**99** は、HEAT20 の G1、G2 の EB（省エネ）水準です。**図 98** は省エネ基準と比べて、G1、G2 がどれだけ暖房を減らすかを示しています。6 地域では、G1 だと約 30%、G2 だと約 50% です。

●──G1 でも、私たちのめざす 30% を実現できるのですね。

M──図 99 は、G1、G2 で全館連続暖房した場合と、省エネ基準で居室間歇暖房するのを比べたものです。G1 だと約 50% 増えてしまいますが、G2 だと同等になります。つまり、G2 なら全館連続暖房をしても、「今」と同じに抑えられるのです。

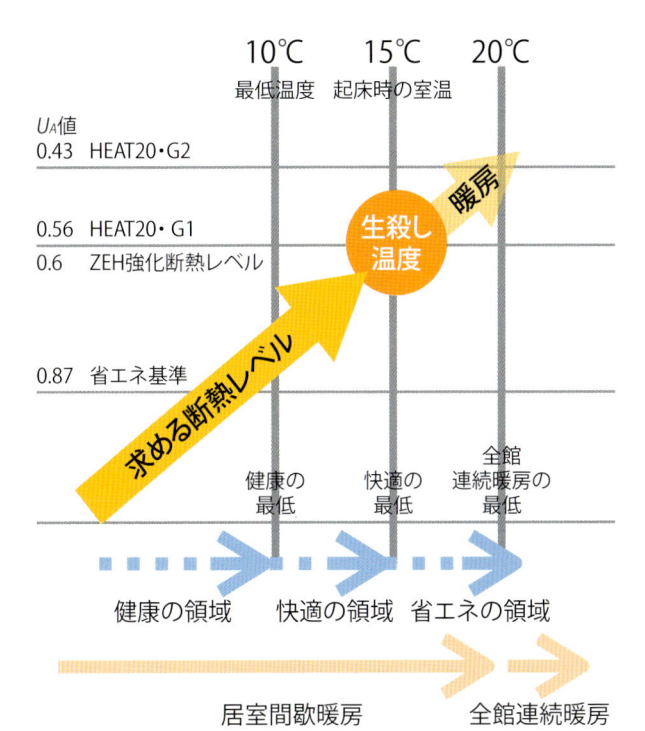

**図97** 健康・快適・省エネの領域と基準・水準チャート（6地域）

## HEAT20（G1 G2）　**EB 水準**

| 地域 | 省エネ基準と比べた暖房負荷削減率 | | |
|---|---|---|---|
| | 1、2 | 3 | 4〜7 |
| G1 | 約20% | 約30% | 約30% |
| G2 | 約30% | 約40% | 約50% |

**図98**

| 地域 | 省エネ基準と比べた全館連続暖房での暖房負荷削減率 | | | |
|---|---|---|---|---|
| | 1、2 | 3 | 4、5 | 6、7 |
| G1 | 約10% | 約10%増 | 約30%増 | 約50%増 |
| G2 | 約20% | 約10% | 省エネ基準とおおむね同等で全館連続暖房が可能 | |

**図99**

# 46 | 曖昧パッシブと計算パッシブ

●──G1、G2 と、二つあることの理由がわかってきました。断熱が高いほど快適で省エネのイメージでしたが、どんな生活をするかで適当な断熱性能があるということですよね。

M──そのとおりです。曖昧パッシブを楽しむなら G1 が似合い、全館連続暖房なら G2 が最低限必要……、つまり G2 は全館連続暖房の最低といえます。

●──北海道では、曖昧パッシブなんて無理なんでしょうね。

M──6 地域でも冬に日射量の少ない雪国では、曖昧パッシブは楽しめません。隣家の日影になる家も同じです。

●──そんな家は窓を小さくして、断熱を高める感じですね。

M──いいえ、必ずしもそうではなく、日射取得で有利になれば、窓は大きくなります。欧州では、日射量を含めた計算をすることで、窓が一挙に大きくなりました。

**写12** スイスの
プラスエネルギー住宅

●──ヨーロッパの家は、窓が小さいという印象だったし、しかも高断熱化すれば、なお窓は小さくなるのでは？

M──そう思って当然ですが、実はヨーロッパで高断熱住宅を見つけるには、窓の大きな家を探せばよいといわれています。

●──ということは、日本と同じ曖昧パッシブなんですか？

M──いいえ、日本のパッシブは自然と戯れるという情緒的なところがあるのに対して、ヨーロッパのパッシブは暖房負荷が減るかどうかの「計算パッシブ」といえます。

|  日本  |  欧州  |
| :---: | :---: |
| 曖昧パッシブ | 計算パッシブ |
| 自然と戯れる・生殺し温度<br>夏は風を通して…… | 日射取得で暖房負荷低減<br>夏は徹底的な日射遮蔽 |

**図100** 日本と欧州のパッシブ観の違い

# 47 ｜ワンルーム連続暖房

●──日本は情緒で、ヨーロッパは計算……、国民性でしょうか。ヨーロッパは、窓の大きな家で全館連続暖房なのですね。

M──はい。一方、日本の高断熱住宅はここでも曖昧な全館連続暖房をしてきました。それがワンルーム連続暖房です。

●──なんですか、ワンルーム連続暖房というのは？

M──まず、高断熱住宅では定番の設計がワンルーム化です。高断熱で暖かくなれば、細かく部屋を仕切る必要はないし、開放的な方が暖房も配りやすいので、自然にワンルーム化していくのです。

●──そういえば、見学させていただいた家も LDK から和室まで繋がっていたし、吹抜があり、2 階にも広がっていました。

M──そうした間取りで、冬は 1 階のエアコンだけで暖房し、夏は 2 階のエアコンだけで冷房するのが基本です（**図 101**）。こんな状況で、曖昧パッシブは居室間歇暖房を行い、計算パッシブは床下エアコンなどを使って安定した暖房を行います。

●──日本でも、計算パッシブがあるのですか。

M──曖昧パッシブは、温暖で冬に日射量の多いところに似合いますが、他では計算パッシブが似合います。いずれ LDK を連続暖房して、その熱が全体に行き渡っていきますが、全館連続暖房のように完璧に 20℃というものでなく、多少の温度差はできます。だから、曖昧な全館連続暖房なのです。曖昧な分、全館連続暖房より暖房量は抑えられます。

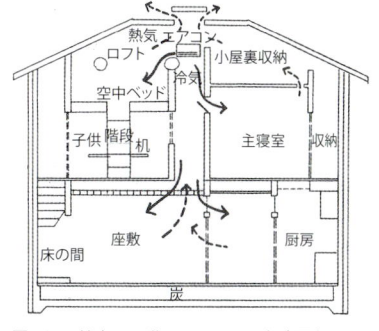

**図 101** 拙宅の 2 階のエアコン一台冷房と温度差換気時の熱気排出

| 曖昧パッシブ暖房 | ワンルーム連続暖房 | 全館連続暖房 |
|---|---|---|
| 居室間歇暖房 暖房エネルギー小 | LDK 連続暖房 暖房エネルギー中 | いつもどこも 20℃ 暖房エネルギー大 |

**図 102** 断熱住宅のさまざまな暖房形態

# **48** 意味のある高断熱化とは

●──何となく断熱の話が、間取りで感じられるようになってきました。高断熱になればワンルーム化していき、曖昧パッシブ暖房はその空間で自然と戯れ、ワンルーム連続暖房は安定した暖かさで過ごし、全館連続暖房はとにかく家中20℃……、といったイメージですね。

M──素晴らしい。では、どこまで断熱性を高めるのか？

●──説明を聞く前は、高いほどよさそうに思っていましたが。

M──図103を見てください。断熱性と暖房負荷の関係で、省エネ基準（$U_A$値0.87）〜G2（0.43）〜その2倍の……と、高断熱化していくと、グラフの線は最初は急降下しましたが、その内に寝そべっていきます。

●──寝そべるということは、比例しないということ？

M──そのとおりです。また、緑色の線に比べて、青の線は最初から寝そべっていますよね。これが居室間歇暖房で、緑が全館連続暖房。つまり、暖房が小さい土俵で断熱性を高めても、メリットは薄いということです。

●──どんな快適を求めるかで、「ほどほど」があるのですか？

M──そこで、HEAT20のシナリオを参考にして**図104**をつくってみました。省エネ基準値の年間暖房負荷が11GJほど。これを「今」とすれば……、G1だとその約30％削減で、G2なら約50％削減。

全館連続暖房ではG1は約50％増えてしまいますが、G2だとほぼ同じ。だから、G2が全館連続暖房の最低。でも、私たちの目標は「今」より30％削減ですから、曖昧パッシブ暖房ならG1で合格しますが、全館連続暖房ではG2でも不合格。そこで、G2より2倍の断熱性のある超高断熱を載せてみると、「今」より半分ほどになって合格。

一方、ワンルーム連続暖房をみると、G2は「今」より20％ほど削減しますが、30％には足りません。

●──超高断熱は、全館連続暖房でも半分で済むとはさすが。

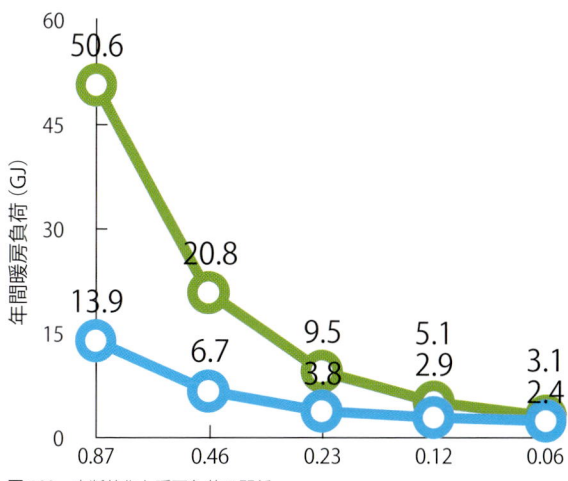

**図 103** 高断熱化と暖房負荷の関係

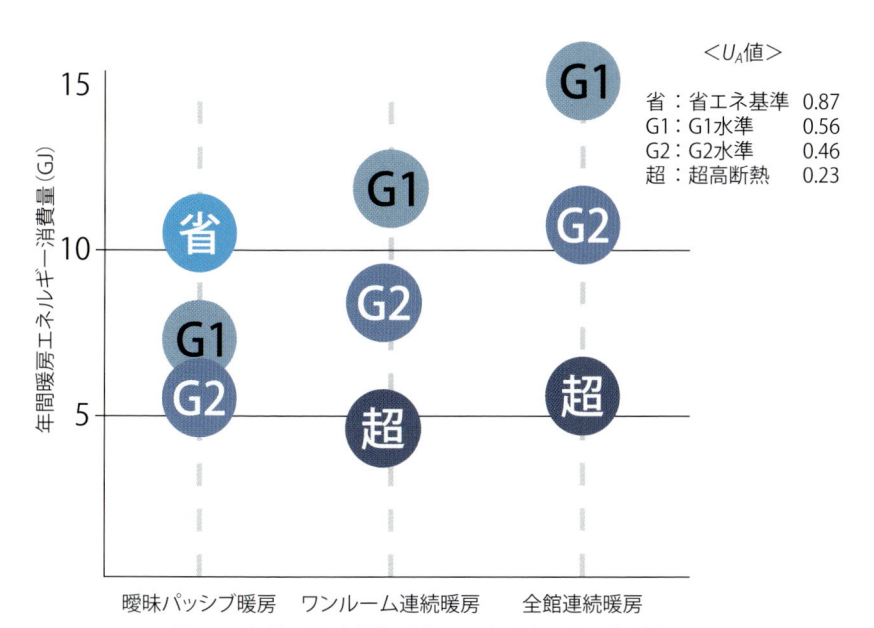

**図 104** 暖房範囲別の各基準・水準による年間暖房エネルギー消費

# 49 | 省エネ基準は超えていくべきライン

●──ということは、断熱の目安としては「曖昧パッシブ暖房」ならG1でよいし、ワンルーム連続暖房ならG2でちょっと不足。全館連続暖房なら超高断熱が必要だということですね。ところで、省エネ基準はどこに行ってしまったのですか？

M──省エネ基準は健康面でもちょっと不安で、省エネでは今でしかありません。なのでここにとどまらず、もっと上をめざさなければ、良質なストックを将来に残すことができません。

●──イイ言葉ですね。良質なストック……、肝に銘じます。

M──はい、いずれ国の基準は最低基準で、この線を超えていきなさいというものです。なので、これまで長々と考えてきたように、暖房の形と似合う断熱性能を模索しながら、家をつくっていかなければいけないのです。

●──超高断熱とは、どれほど分厚い断熱が必要なのですか？

M──**図105**に、省エネ基準〜超高断熱の断熱イメージを描いてみました。すべて18kg/m³のグラスウールに置き換えています。

●──あらまぁー、超高断熱はこんなに分厚いのですか？

M──性能も高ければ、工事費も高くなります（笑）

●──そういわれれば、G1くらいでと思っているのがケチくさくみえますね。だからこそ、説明を聞かせてもらってよかった。どんな生活をするかで、似合う断熱性を選ぶことができそうです。

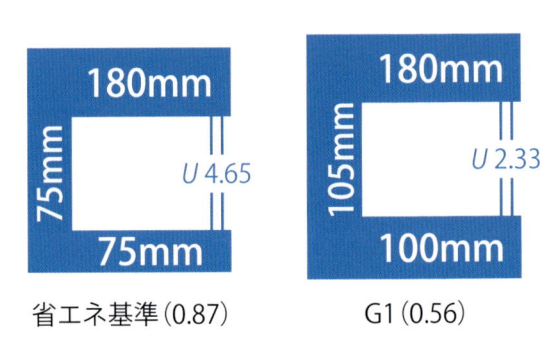

省エネ基準 (0.87) G1 (0.56)

**図105** 各基準・水準の断熱仕様の概要／6地域、グラスウール18kg/m³に換算
（ ）は $U_A$ 値 W/m²K

M──ここで、省エネ基準に比べて、G1 は $U_A$ 値で 1.5 倍も断熱性が高いのに、断熱厚みはほとんど同じですよね。

●──そうですね。でも、窓が全然違いますよ。

M──はい、窓が 2 倍の断熱性能になっています。なぜ、断熱厚みを増やすより窓の性能を上げたのかというと……、$U$ 値が 4.65 という窓はアルミサッシ＋6mm 空気層のペアガラスで、今はもうほとんど出回っていません。今は窓の断熱性が高まっていて、$U$ 値 2.33 の窓が一般的になろうとしています。

●──すでに、省エネ基準は時代遅れになっているのですね。

M──また、断熱厚みを壁、床で 100mm 程度にしているのは、木造在来構法の柱が 105mm だからです。その範疇に納めれば、施工が容易で低コストに抑えられます。

●──では、G2 や超高断熱は柱からあふれてしまうのですね。

M──はい、付加断熱と呼んで、柱の中と外の両方に断熱材を施工するのでコストアップになります。なので G1 というのは、省エネ基準からコストをそれほど上げないで高断熱化させた点で、実に優れものといえます。

●──だったら省エネ基準を通過して、G1 に進むのは無理のないことなんですね。何だか安心しました。

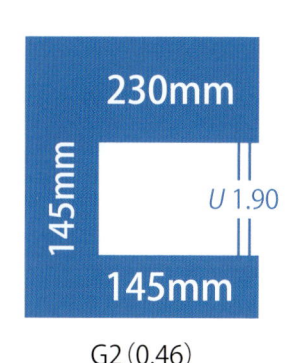

G2 (0.46)

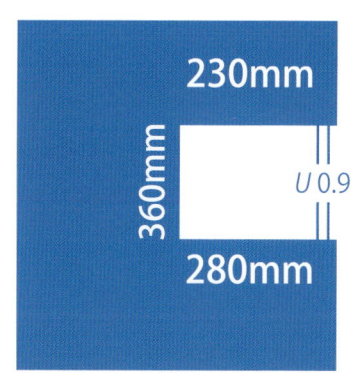

超高断熱 (0.23)

# 50 | まとめてみると……

M──断熱性を高めると、イニシャルコスト（施工価格）が上がりますが、ランニングコスト（燃費）は小さくなります。そのせめぎ合いがコストパフォーマンスで、断熱を高めるより暖房した方がコスパで有利ということも起こります。

●──G1 は、そのコスパでは有利になりそうですね。

M──はい、HEAT20 の試算があり、省エネ基準より G2 より G1 がコスパで優れていると、ガイドブックに載せています。

●──時代、柱の大きさ……、色んなことが絡んでの断熱……、ドラマを見ているような気持ちになりますね。

M──さて、そろそろまとめなければいけませんね。
これまでお話してきたことを、87 頁でチャートにしてみました（**図 106**）。

●──以前ならこんな難しそうなものは拒否してきましたが、今はもう知っている単語が並んで懐かしい。

M──まず、前提として NEB と EB の目標を立て、次に暖房範囲を検討します。曖昧パッシブ暖房、ワンルーム連続暖房、全館連続暖房……、それぞれに長短あって、そこが選択の考えどころになります。

●──「逃げ」というのが面白いですね。

M──理論的に考えると応用が利かなくなって、小さなことにネガティブになりやすいものです。したがって、曖昧パッシブの場合は日射が主暖房ですから、曇りの日は暖房すればよいし、生殺し温度が嫌になったら暖房すればよいのです。それを、生殺し温度で生活しなければいけないと思えば不安になって、ワンルーム連続を選ぶことになるかもしれません。
時には暖房するんだ……としておけば、曖昧パッシブの幅が広がります。

●──あら、熱交換換気がありますね。たしか熱交換しても、省エネ効果は薄い、と聞いたような気がしますが。

M──はい、でも超高断熱には価値ある存在……。
88 頁で説明します。

| | （Non Energy Benefit)NEB | EB (Energy Benefit) |
|---|---|---|
| 前提 | ●15℃未満の割合20%以下<br>●最低　10℃以上 | 「今」の30%マイナス |

| | 曖昧パッシブ暖房 | ワンルーム連続暖房 | 全館連続暖房 |
|---|---|---|---|
| 暖房範囲 | 居室間歇暖房<br>暖房エネルギー小 | LDK連続暖房<br>暖房エネルギー中 | いつもどこも20℃<br>暖房エネルギー大 |
| 選択項目 | 温暖で冬の日射量が多く、周辺環境が開放的な土地 | 冬は日射が少なかったり、朝とても冷え込む土地 | どんな周辺環境にあっても、小さなエネルギーで、絶対的な快適を追求するために、高い断熱性を求める。イニシャルコストは高くとも、その価値はあると認め、長く使うことでコスパで勝利する |
| | 自然好き。開けたり閉めたりの忙しさを嫌わない | 安定した暖冷房が好きだが、全館連続暖房まで不要 | |
| | 就寝時の暖房、冷房が嫌い。夏は通風が心地よい | 就寝時の暖房、冷房は気にならないが、しなくてもいい | |
| 逃げ | 曇りの日や寒い日は暖房すればよい | 寒い部分があれば狭い断熱でカバー | 家族間で空調に対する意見を統一 |

| 断熱 | HEAT20 **G1** | HEAT20 **G2** | **超高断熱** |
|---|---|---|---|
| 換気 | ← 第3種 → | | ← 第1種/熱交換換気 → |
| 冷房 | ← 居室間歇冷房 → | | ← 全館連続冷房 → |

図 106　求める断熱レベルチャート

# 51 | 熱交換換気は超高断熱で価値あり

熱交換換気は 58 頁で省エネ効果は低いと説明しましたが、よい面も沢山あります（**図 107**）。また、超高断熱になると換気（第 3 種換気）による熱損失の割合がとても大きくなります（**図 108**）。

暖冷房の熱損失は $Q$ 値というもので示すことができますが、緑が換気による熱損失で、青がその他の熱損失です。

換気による熱損失の割合は省エネ基準なら 15％で、G2 でも 26％ですから違和感はありませんが、超高断熱になると 42％に跳ね上がります。この第 3 種換気を熱交換率 7 割の熱交換換気に変えると、省エネ基準では 8％ほど、超高断熱では 22％も $U_A$ 値を大きくすることができます（**図 109**）。つまり、あの分厚い断熱壁を 2 割ほど薄くできるということです。熱交換換気は省エネ効果は低くとも、快適面の他に断熱工事費を抑えることができます。

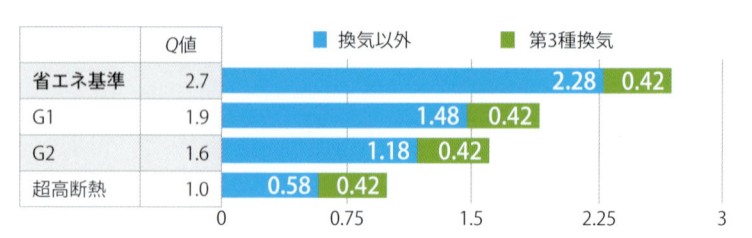

| ＜熱交換換気のメリット＞ | ＜熱交換換気の注意点＞ |
| --- | --- |
| ●給気の寒さがない | ●給気ダクトの汚れを防ぐ |
| ●冬の過乾燥を緩和する | ●高い気密性が必要になる |
| ●夏の蒸暑さを緩和する | ●メンテナンスが不可欠 |
| ●超高断熱の工事費低減 | ●適切な別系統・局所換気 |

**図 107**

|  | $Q$値 | 換気以外 ■　第3種換気 ■ |
| --- | --- | --- |
| **省エネ基準** | 2.7 | 2.28　0.42 |
| G1 | 1.9 | 1.48　0.42 |
| G2 | 1.6 | 1.18　0.42 |
| 超高断熱 | 1.0 | 0.58　0.42 |

0　　0.75　　1.5　　2.25　　3

**図 108**　各基準、水準の熱損失（$Q$ 値）に占める第 3 種換気の割合

|  | 第 3 種換気の場合の $U_A$ 値 | 熱交換にした場合の $U_A$ 値 |
| --- | --- | --- |
| 省エネ基準 | 0.87 | 0.94 |
| G1 | 0.56 | 0.63 |
| G2 | 0.46 | 0.51 |
| 超高断熱 | 0.23 | 0.28 |

**図 109**　各基準・水準で熱交換換気にした場合の $U_A$ 値の変化

## 52｜わが家の結果は？

●──こんなに勉強したのは学生時代以来ですよ。

M──本当にお疲れ様でした。ここまで勉強していただいたので、言い残すことはありません。後はご家族で「どんな温熱環境を求めるか」を話し合っていただき、その結果で設計を進めていきたいと思います。

●──あら、もう設計ができていて、その説明にきていただいたのではないのですか？

M──設計が先にあれば、こちらの押しつけになります。高断熱自慢や断熱嫌いも、押しつけといえば押しつけ。本来は、設計者が建築主に必要なことをフラットに伝えたうえで判断していただき、それを設計していくものだと思います。

●──でも、わが家はアバウトな人ばかりで、曖昧パッシブ派のような気がするし、超高断熱には無関心だと思うけど、それでもマイナス30%は実現できます？

M──大丈夫です。G1レベルでも他の項目を目一杯頑張れば可能です（**図110**）。

●──あらもう計算してるじゃないですか。

M──これは可能性のチェックをしたまでです。実は、もう一つお伝えしたいことがあります。My断熱基準というものです。

エネルギー消費性能 ×

エネルギー消費量　一次エネルギー換算した値単位：GJ

| | 設計一次 | 基準一次 |
|---|---|---|
| 暖房設備 | 6.3 | 13.4 |
| 冷房設備 | 4.4 | 5.6 |
| 換気設備 | 2.5 | 4.5 |
| 給湯設備 | 15.8 | 25.1 |
| 照明設備 | 4.4 | 10.8 |
| その他設備 | 21.2 | 21.2 |
| 削減量 | - | - |
| 合計 | 54.6 | 80.7 |

基準値　一次エネルギー換算した値単位：GJ

| | 基準値 | 誘導基準値 |
|---|---|---|
| H28年4月以降 | 80.7 | 74.7 |
| H28年4月現存 | 86.6 | 80.7 |

❶ 各項目で四捨五入をした値を表示しています。各項目を足しても合計の値と一致しないことがあります。

閉じる

**図110**

設計一次E 54.6GJ－基準一次E 80.7GJ＝－26.1GJ（⊿32%）

$U_A$値：0.56　第3種換気　$m_C$値：2.0（日射遮蔽/障子をした場合）、$m_H$値：4.8（日射遮蔽なし）　**通風**：あり/5回/時　**蓄熱**：あり　**暖房**：主たる居室、その他の居室ともにルームエアコン　省エネ区分（い）　**冷房**：主たる居室、その他の居室ともにルームエアコン　省エネ区分（い）　**換気**：3種　省エネ手法・太いダクト＋DCモーター　**給湯**：エコキュート JIS効率3.0　追焚あり　ヘッダー（13Aより太い）、台所：手元止水、水優先吐水、浴室シャワー：手元止水、少流量吐水機能、洗面：水優先吐水、高断熱浴槽　**太陽熱給湯**：なし　**照明**：主たる居室：すべてLED、多灯分散および調光あり、その他の居室：全てLED、調光あり、非居室：全てLED、人感センサーあり　**太陽光発電、コージェネ**なし

# 第7章

# 53 | My 断熱基準【*U* 水準】

● ——My 断熱基準？　G1 とか G2 を自分で考えるのですか？

M——はい、そのとおりです。設計士が建築主と一緒に、「どんな温熱環境でどれほどの省エネを求めるのか」を設定したうえで、最適な断熱性能を計算していくのです。

● ——どんな家にするかは、これまで勉強してきましたよね。

M——はい。そこで曖昧パッシブには G1 が似合う……というようなイメージをもったのですが、もっと突っ込んで最適な断熱レベルを追求するのです。

● ——そんなに簡単に計算できるのですか？

M——すでに幾つもの計算プログラムが開発されていて（99 頁）、それらを使って計算します。

● ——*U* 水準というのは、南雄三さんの *U* ですか？

M——はい。My 断熱基準なので、My name でよいのです。

● ——外皮と一次エネルギーの 2 本立ては省エネ基準と同じで、NEB や EB もこれまで勉強してきた目標の数字ですね。

M——あくまでこれが最低のレベルだ、と勉強してきました。なので、もっと上を求めるのなら高めればよいのです。

● ——「今」というのは……、省エネルギー基準のことですね？

M——そうです、省エネ基準が「今のエネルギー消費量」を意味していることも勉強してきたとおりです。

● ——こうした項目が、すべて自分で計算できるということですか。

M——はい、さらにモデル設計ではなく実際の設計で、代表都市ではなくピンポイントの気象で、隣家の影響も含めて計算し、暖冷房スケジュールも自分で設定します。

● ——暖冷房スケジュールとは……、*U* 間歇暖房と *U* 間歇冷房というものですね。暖房が LDK で 16 時から 23 時まで……、えっ、たったこれだけなのですか？

M——はい、オープンなワンルーム暖冷房の拙宅はこんな状況なのです。ここでも、その設定で計算してみましょう。

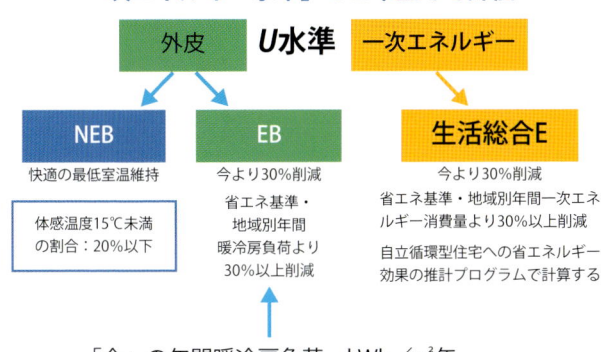

## *U*水準は「外皮水準」と「一次エネルギー水準」の2本立てで評価

**外皮** ← **U水準** → **一次エネルギー**

**NEB**
快適の最低室温維持

体感温度15℃未満
の割合:20%以下

**EB**
今より30%削減

省エネ基準・
地域別年間
暖冷房負荷より
30%以上削減

**生活総合E**
今より30%削減

省エネ基準・地域別年間一次エネ
ルギー消費量より30%以上削減

自立循環型住宅への省エネルギー
効果の推計プログラムで計算する

### 「今」の年間暖冷房負荷　kWh／㎡年

|  | 1 | 2 | 3 | 4 | 5 | 6 | 7 |
|---|---|---|---|---|---|---|---|
| 年間暖冷房負荷 kWh／㎡年 | 85 | 75 | 65 | 70 | 60 | 60 | 50 |

試算値/暖房＋冷房　（81.7+3.7）（70.5+3.9）（60.4+6.0）（64.4+9.5）（51.0+10.2）（38.4+25.0）（19.1+30.2）

計算は、以下のような詳細計算で行います。
ここでは、ホームズ君※で計算しました。

| 実設計計算 | ピンポイント気象 | 隣家の影響あり | 暖冷房手法任意 | 暖冷房時間任意 | 換気計画任意 |
|---|---|---|---|---|---|

ここでは、*U*水準のモデルとしてオープンなワンルーム設計を想定。
1階はLDKが一つにつながり、上部に大きな吹抜があり、2階は子供室、
主寝室が左右に分かれています。暖房は1階居間のエアコン1台、冷
房は2階吹抜上のエアコン1台で行う。

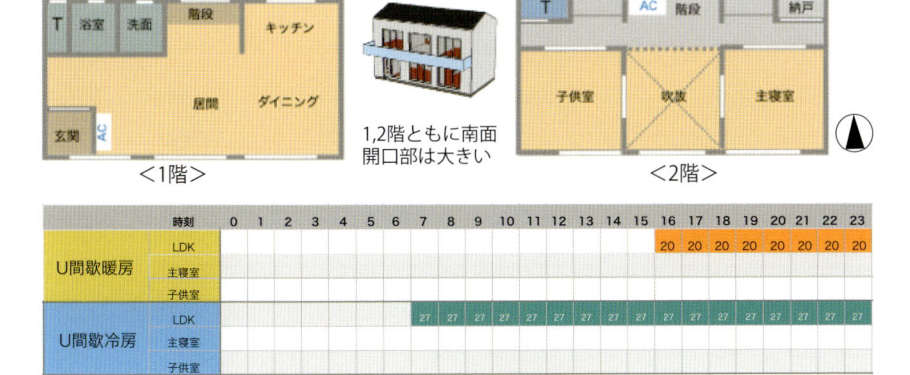

1,2階ともに南面
開口部は大きい

&lt;1階&gt;　　　　&lt;2階&gt;

*U*水準・間歇暖房と冷房スケジュール（*U*間と呼称）
※ホームズ君:省エネ診断エキスパート Ver. 4/インテグラル㈱

●——二つの家があるようですが、比較するのですか？

M——はい、省エネ基準モデルが凸凹した家で、*U* 水準モデルが長方形の家です。省エネ基準モデルは、家の内も外も閉鎖型で窓も小さい。建設地は東京で、ともに 120m$^2$ です。

●——①は番号で、**閉鎖型**が省エネ基準モデルですか？

M——はい、**省**は省エネ基準レベルの断熱性で、**間歇**は居室間歇暖房、**3** は第 3 種換気を示し、**開放型**は *U* 水準モデルのことです。名称の右にあるのは暖房スケジュールです。

●——冷房は計算しないのですか？

M——冷房は断熱性より日射遮蔽の方が重要で、通風も含めてチェックしますが、My 断熱基準は暖房で検討します。

●——冷房は断熱では語れないのですね。で、どんな結果が？

M——①と②は、断熱性も暖房スケジュールも同じ条件で計算しましたが、夜中に暖房を停止した朝 5 時の室温が示されています。外も内も閉鎖型の①は LD が 9.2℃、2 階の寝室は 10〜11℃なのに対して、窓が大きいワンルームの②は LDK が 14℃弱、2 階の寝室も 14℃強と、①に比べて 3〜4℃高くなりました。言い忘れましたが、この温度は体感温度で、室温ではさらに 1℃ほど高くなります（75 頁参照）。

●——ということは断熱性で室温を予想しても、家の設計で全然違う結果になるということですか？

M——そうなのです。15℃未満の割合では、①が 28%（*U* 水準の 20%以下に不合格）なのに対して、②は 5%と激減します。

●——もちろん暖房エネルギーも、②の方が小さいのですよね？

M——ところがその逆で、②の方が暖冷房負荷は 30%増え、年間の暖冷房費は 17,000 円アップします（95 頁）。

●——あらら、室温は高まるのに、燃費は増えてしまった……。

M——そこで、断熱性を省エネ基準レベルから G1 に高め、*U* 間歇暖房にしてみたのが③です。暖冷房負荷は②より 40%も減り、①より 20%減りました。しかも、暖房時間が①、②よりずっと短いのに、朝 5 時の室温で 2℃ほど高くなりました。

# ①閉鎖型−省−間歇-3

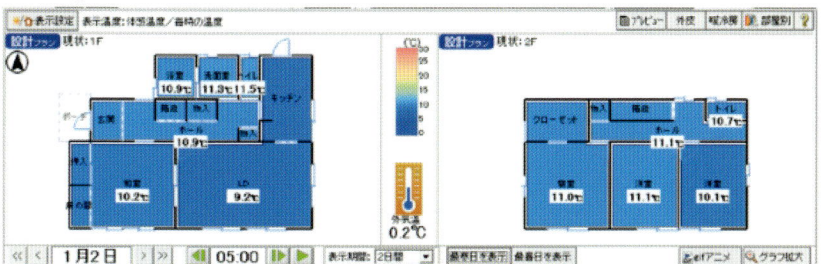

# ②開放型−省−間歇-3

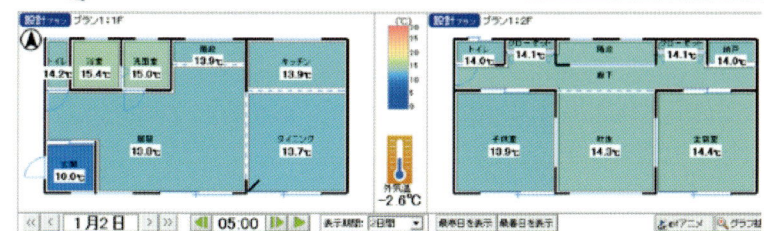

# ③開放型−G1−*U*間−3

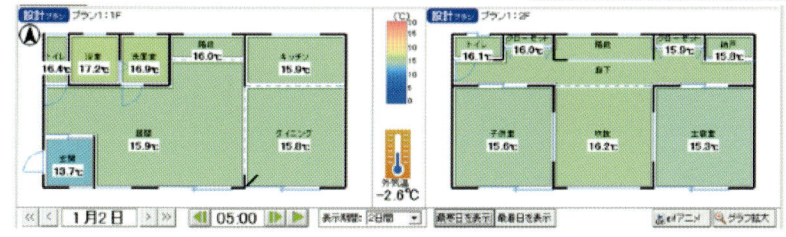

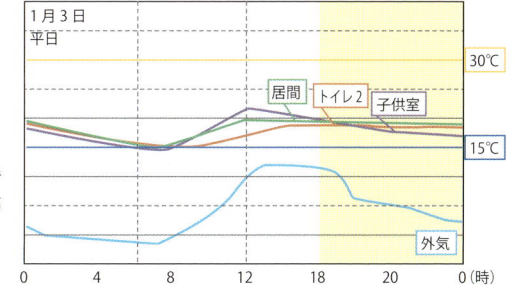

＜最寒日の室温変動＞

暖房しているのは黄色い部分だけですが、朝から日射を受けて室温は高まり、12時には1階の居間は20℃、2階の子供室は20℃を超えます

●──やはり断熱性が高いと、朝の室温は高くなるのですね。

M──U間歇暖房は 16 時〜夜中までしか暖房しませんが、朝から日射が入って昼には居間も子供室も 20℃を超えます。

●──朝も 16℃……ということは、温度計では 17℃。生殺し温度以上ですね。でも、曇りの日はどうなります？

M──曇りの日は全然ダメで（T−T）、昼でも 13〜14℃にしかなりません。こんな日は朝から暖房しましょう。

●──毎朝今日の天気を確かめるのが、曖昧パッシブの不安と期待ですね（笑）。でも、東京の冬は毎日のように晴れます。

M──冬に毎日のように晴れる土地だからこそのシミュレーション……、計算するほどにワクワク楽しくなってきます。

●──ところで、④の「熱交」というのは？

M──第 3 種換気を、熱交換換気に替えてみたケースです。③に比べて、朝 5 時の室温は 1.2〜2℃上昇し、暖冷房費は 3,400 円下がりました。

●──でもたしか、熱交換換気は省エネにならないのでは？

M──暖冷房費には換気を動かす電力費は含まれませんが、一次エネルギー計算では含むので、それほど省エネにならないと判断されます。でも、室温を高めるのは魅力的ですね。

●──⑤の主連というのはなんですか？

M──冬は居間の暖房を、夏は吹抜上の冷房を連続運転します。これだと、起床時の LDK の温度が安定して高められます。

●──確かに居間は 18℃を超えていますね。これなら生殺しされずに済みますね（笑）。でも、暖冷房費は高くなりそう。

M──そのとおりで、生殺し温度で曖昧パッシブの基本型ともいえる③に比べて、暖房費は 7,000 円ほど高くなります。

●──なるほど……、こうして室温や燃費を計算すると、どんな家をつくるかのイメージが手に取るように見えてきますね。

M──はい。温熱×燃費、デザイン×性能値のせめぎ合いは複雑でハラハラドキドキのドラマのようです。ワクワクしながら計算を進めていきましょう。

# ④開放型－G1－U間－熱交

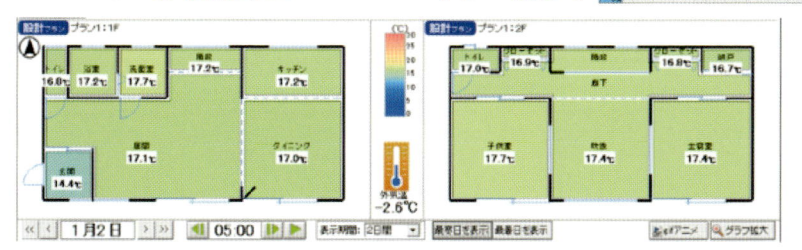

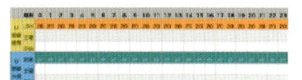

# ⑤開放型－G1－主連－3

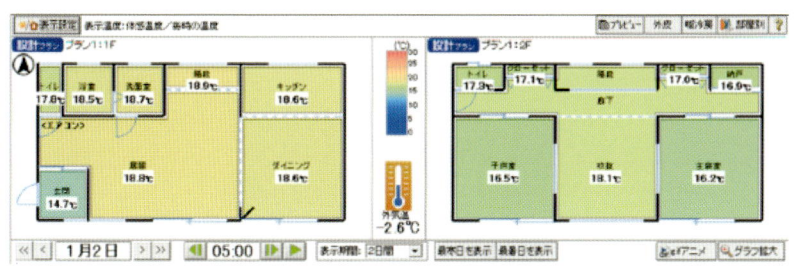

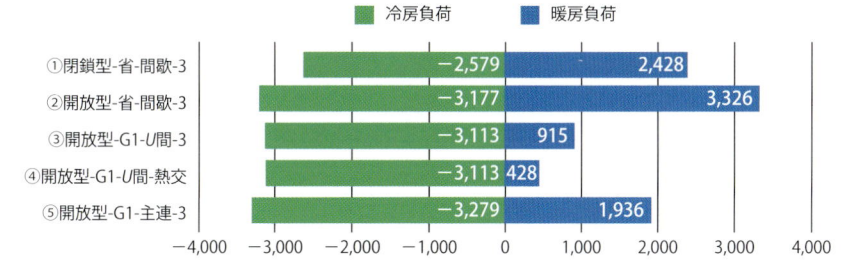

冷房負荷 ■ 暖房負荷

①閉鎖型-省-間歇-3 −2,579 2,428
②開放型-省-間歇-3 −3,177 3,326
③開放型-G1-U間-3 −3,113 915
④開放型-G1-U間-熱交 −3,113 428
⑤開放型-G1-主連-3 −3,279 1,936

−4,000 −3,000 −2,000 −1,000 0 1,000 2,000 3,000 4,000

＜デザイン・性能・暖冷房時間による暖冷房負荷（kWh/年）↑、暖冷房費（円/年）↓の違い＞

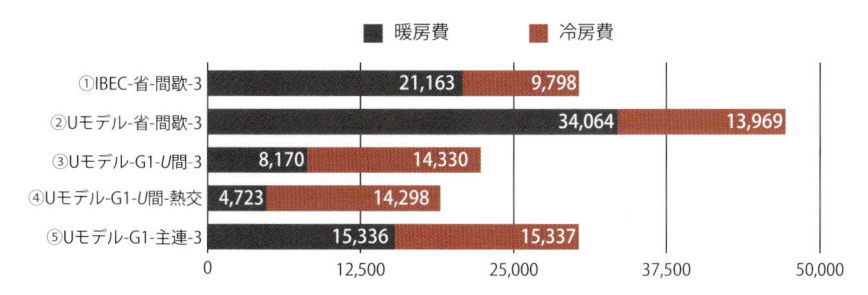

■ 暖房費 ■ 冷房費

①IBEC-省-間歇-3 21,163 9,798
②Uモデル-省-間歇-3 34,064 13,969
③Uモデル-G1-U間-3 8,170 14,330
④Uモデル-G1-U間-熱交 4,723 14,298
⑤Uモデル-G1-主連-3 15,336 15,337

0 12,500 25,000 37,500 50,000

# APPENDIX

資料

# HEAT20 関連資料

$$15℃未満になる割合 = \frac{\overset{(m^2)}{室ごとの面積} \times \overset{(h)}{室毎の暖房期間中に\ 15℃未満となる時間数の合計}}{\underset{(m^2)}{延床面積} \times \underset{(日)}{暖房期間日数} \times 24}$$

HEAT20 の「15℃未満の割合」の計算式

室：台所、和室、寝室、子ども室 1、子ども室 2、
1 階ホール（玄関・廊下・階段）、浴室、洗面室、
1 階トイレ、2 階ホール、2 階トイレ

## ・暖房設定（3 地域）

LDK を平日は 24 時間連続暖房，他居室は間歇暖房

| 室名 | 平日/休日 | AM / PM | 0-1 / 12-13 | 1-2 / 13-14 | 2-3 / 14-15 | 3-4 / 15-16 | 4-5 / 16-17 | 5-6 / 17-18 | 6-7 / 18-19 | 7-8 / 19-20 | 8-9 / 20-21 | 9-10 / 21-22 | 10-11 / 22-23 | 11-12 / 23-24 |
|---|---|---|---|---|---|---|---|---|---|---|---|---|---|---|
| LDK | 平日 | AM | 20 | 20 | 20 | 20 | 20 | 20 | 20 | 20 | 20 | 20 | 20 | 20 |
| | | PM | 20 | 20 | 20 | 20 | 20 | 20 | 20 | 20 | 20 | 20 | 20 | 20 |
| | 休日 | AM | — | — | — | — | — | 20 | 20 | 20 | 20 | 20 | 20 | 20 |
| | | PM | 20 | 20 | 20 | 20 | 20 | 20 | 20 | 20 | 20 | 20 | 20 | 20 |
| 子供室1 | 平日 | AM | — | — | — | — | — | — | — | — | — | — | — | — |
| | | PM | — | — | — | — | — | — | — | — | 20 | — | 20 | — |
| | 休日 | AM | — | — | — | — | — | — | — | — | 20 | 20 | — | — |
| | | PM | — | — | — | — | 20 | — | 20 | — | 20 | 20 | 20 | — |
| 子供室2 | 平日 | AM | — | — | — | — | — | — | — | — | — | — | — | — |
| | | PM | — | — | — | — | — | — | 20 | — | — | 20 | 20 | — |
| | 休日 | AM | — | — | — | — | — | — | 20 | — | — | 20 | — | 20 |
| | | PM | 20 | — | — | — | — | — | — | — | 20 | 20 | — | — |
| 寝室 | 平日 | AM | — | — | — | — | — | 20 | — | 20 | — | — | — | — |
| | | PM | — | — | — | — | — | — | 20 | 20 | — | 20 | — | — |
| | 休日 | AM | — | — | — | — | — | 20 | — | 20 | — | — | — | — |
| | | PM | — | — | — | — | — | — | 20 | 20 | 20 | 20 | 20 | 20 |

※和室は暖房運転なし

## ・暖房設定（4〜7 地域）

居室を間歇暖房

| 室名 | 平日/休日 | AM / PM | 0-1 / 12-13 | 1-2 / 13-14 | 2-3 / 14-15 | 3-4 / 15-16 | 4-5 / 16-17 | 5-6 / 17-18 | 6-7 / 18-19 | 7-8 / 19-20 | 8-9 / 20-21 | 9-10 / 21-22 | 10-11 / 22-23 | 11-12 / 23-24 |
|---|---|---|---|---|---|---|---|---|---|---|---|---|---|---|
| LDK | 平日 | AM | — | — | — | — | — | — | 20 | 20 | 20 | 20 | — | — |
| | | PM | 20 | 20 | | | 20 | 20 | 20 | 20 | 20 | 20 | 20 | 20 |
| | 休日 | AM | — | — | — | — | — | — | — | — | 20 | 20 | — | — |
| | | PM | 20 | 20 | | | 20 | 20 | 20 | 20 | 20 | 20 | 20 | 20 |
| 子供室1 | 平日 | AM | — | — | — | — | — | — | — | — | — | — | — | — |
| | | PM | — | — | — | — | — | — | — | — | 20 | — | 20 | — |
| | 休日 | AM | — | — | — | — | — | — | — | — | 20 | 20 | — | — |
| | | PM | — | — | — | — | 20 | — | 20 | — | 20 | 20 | 20 | — |
| 子供室2 | 平日 | AM | — | — | — | — | — | — | — | — | — | — | — | — |
| | | PM | — | — | — | — | — | — | 20 | — | — | 20 | 20 | — |
| | 休日 | AM | — | — | — | — | — | — | 20 | — | — | 20 | — | 20 |
| | | PM | 20 | — | — | — | — | — | — | — | 20 | 20 | — | — |
| 寝室 | 平日 | AM | — | 20 | — | — | — | — | — | — | — | — | — | — |
| | | PM | — | — | — | — | — | — | — | — | — | — | 20 | 20 |
| | 休日 | AM | — | 20 | — | — | — | — | — | — | — | — | — | — |
| | | PM | — | — | — | — | — | — | — | — | — | — | 20 | 20 |

※和室は暖房運転なし

## ・冷房設定（1〜7 地域）

| 室名 | 平日/休日 | AM / PM | 0-1 / 12-13 | 1-2 / 13-14 | 2-3 / 14-15 | 3-4 / 15-16 | 4-5 / 16-17 | 5-6 / 17-18 | 6-7 / 18-19 | 7-8 / 19-20 | 8-9 / 20-21 | 9-10 / 21-22 | 10-11 / 22-23 | 11-12 / 23-24 |
|---|---|---|---|---|---|---|---|---|---|---|---|---|---|---|
| LDK | 平日 | AM | — | — | — | — | — | — | 27 | 27 | 27 | 27 | — | — |
| | | PM | 27 | 27 | | | 27 | 27 | 27 | 27 | 27 | 27 | 27 | 27 |
| | 休日 | AM | — | — | — | — | — | — | 27 | 27 | 27 | 27 | 27 | 27 |
| | | PM | 27 | 27 | | | 27 | 27 | 27 | 27 | 27 | 27 | 27 | 27 |
| 子供室1 | 平日 | AM | 28 | 28 | 28 | 28 | 28 | 28 | 28 | — | — | — | — | — |
| | | PM | — | — | — | — | — | — | — | — | 27 | 27 | 27 | 27 |
| | 休日 | AM | 28 | 28 | 28 | 28 | 28 | 28 | 28 | — | 27 | 27 | 27 | 27 |
| | | PM | — | — | — | — | 27 | 27 | 27 | — | 27 | 27 | 27 | 28 |
| 子供室2 | 平日 | AM | 28 | 28 | 28 | 28 | 28 | 28 | 28 | — | — | — | — | — |
| | | PM | — | — | — | — | — | — | 27 | — | — | 27 | 27 | 28 |
| | 休日 | AM | 28 | 28 | 28 | 28 | 28 | 28 | 28 | — | 27 | 27 | 27 | 27 |
| | | PM | 27 | — | — | — | 27 | 27 | 27 | — | 27 | 27 | 27 | 28 |
| 寝室 | 平日 | AM | 28 | 28 | 28 | 28 | 28 | 28 | 28 | — | — | — | — | — |
| | | PM | — | — | — | — | — | — | — | — | — | — | — | 28 |
| | 休日 | AM | 28 | 28 | 28 | 28 | 28 | 28 | 28 | 28 | — | — | — | — |
| | | PM | — | — | — | — | — | — | — | — | — | — | — | 28 |

※和室は冷房運転なし

HEAT20 の想定する暖房方式（暖房スケジュール）

# HEAT20 関連資料

**HEAT 20** G1・G2の水準値 $U_A$ の地域補正プログラム

注意事項に戻る

## ① 地域の選択

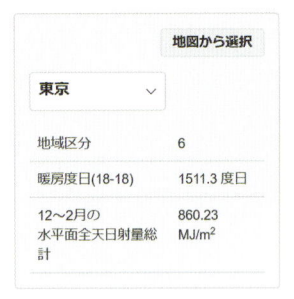

| | 地図から選択 |
|---|---|
| 東京 ∨ | |
| 地域区分 | 6 |
| 暖房度日(18-18) | 1511.3 度日 |
| 12〜2月の水平面全天日射量総計 | 860.23 MJ/m² |

## ② 設計指標の選択

$U_A$値 から 暖房負荷/室温を求める

暖房負荷削減率 から $U_A$値/室温を求める

室温15℃未満の割合 から $U_A$値/暖房負荷を求める

## ③ 設計値の入力

http://www.heat20.jp/regional/index.html

HEAT20 の計算を、地域区分・代表都市ではなく、ピンポイントで行いたい場合は、「地域補正プログラム」を活用します。HEAT20 の Web に載せてあって、誰でも利用できます。$U_A$ 値、暖房負荷、15℃未満の各評価項目から進められます。

南立面図 　　東立面図

北立面図 　　西立面図

構　　造：木造在来軸組構法
床 面 積：120.08m²
家族構造：4 人（夫婦＋子供 2 人）
内部発熱：在室者、および照明器具、家電から発生する熱量、発熱スケジュールは「住宅事業主基準の判断基準」の策定に用いられた条件と同じとした。
暖冷房条件：暖冷房条件、暖冷房時間は、「住宅事業主基準の判断基準」の策定に用いられた条件と同じとした。

HEAT20 の計算で使われているのがこのモデル設計と条件です。公的な場での外皮計算と省エネ計算で使われる仕様です。一見して、寒い家の閉鎖的な間取りで、非暖房室の温度で厳しい結果になります。G1、G2 はこの閉鎖的で、しかも体感温度（室温より 1℃程度低め）で評価しているので、安全率としては高いものといえ、もっと開放的にすれば結果は緩くなります。

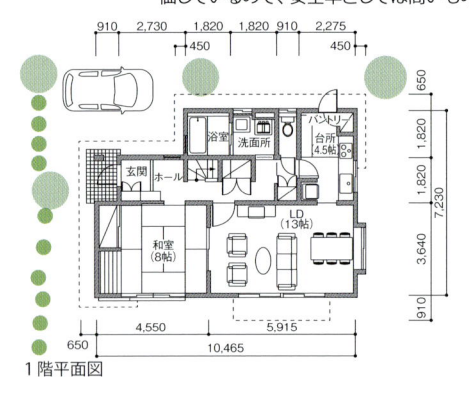

1 階平面図

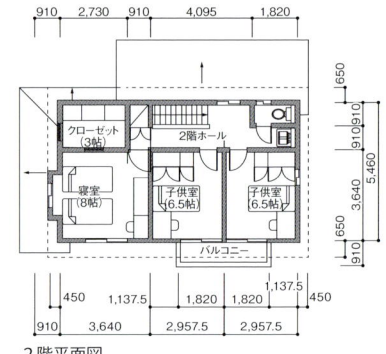

2 階平面図

# 関連 Web 情報

## 国土交通省　建築物省エネ法のページ
http://www.mlit.go.jp/jutakukentiku/
jutakukentiku_house_tk4_000103.html

## 省エネ基準の窓口と一次エネルギー算定プログラム
・「建築物のエネルギー消費性能に関する技術情報」国立研究開発法人建築研究所
https://www.kenken.go.jp/becc/index.html
・「住宅に関する省エネルギー規準に準拠したプログラム」
https://house.lowenergy.jp

## IBEC：一般社団法人建築環境・省エネルギー機構
http://www.ibec.or.jp
・自立循環型住宅：http://www.jjj-design.org
・自立循環型住宅循環型住宅への省エネルギー効果の推計プログラム
：http://www.jjj-design.org/program/energy/

## HEAT20　2020 年を見据えた住宅の高断熱化技術開発委員会
http://www.heat20.jp
・住宅シナリオの計算条件詳細：http://www.heat20.jp/grade/manu_rev2.pdf
・$U_A$ 値の地域補正：http://www.heat20.jp/grade/ua_dtl.html


＜My 断熱基準計算プログラムの例＞
BEST–H
BEST コンソーシアムが開発した The Best Program の住宅版。
スマートウエルネス住宅の検討に向けた総合的な評価ができる。
http://www.ibec.or.jp/best/program/best-h.html

建物燃費ナビ
㈱シーピーユーがパッシブハウスジャパンの監修で開発したプログラム。
全館連続暖房のケースで世界レベルの計算が味わえる。
https://www.cpu-net.co.jp/t-nenpi/

ESH パッシブデザインツール
環境共生住宅推進協議会が世界的に使われている EnergyPlus を
日本の工務店、設計士が使えるようにカスタマイズしたプログラム。
https://www.kkj.or.jp/contents/passive_dl/PV_index.html

ホームズ君・省エネ診断エキスパート Ver. 4
㈱インテグラルが開発したプログラムで詳細な設定と計算ができる。
本書の My 断熱基準でシミュレーションに使用している。
https://www.homeskun.com/homes/products/hm-ene/

# 南雄三プロフィール

**[所属]** （有）南雄三事務所 代表取締役 ［活動内容］住宅技術評論家として断熱・省エネ＆エコにかかわる評論活動をしている。

**[活動]** CASBEE 戸建小委員会委員、住宅省エネシステム検討委員会協力委員、レジリエンス住宅検討小委員会委員、木の建築賞審査員

**[受賞]** 断熱改修「KIP」の基本設計でサステナブル住宅改修部門・国土交通大臣賞、環境デザイン・アワード「ビルダーズ賞」、8畳グリッド木造住宅「MEP」の基本設計でサステナブル住宅賞、環境デザイン・アワード「ビルダー・工務店賞」

新宿市ヶ谷にある南雄三自宅　築94年

著書に「大逆転の HOME 嵐」建築技術、「もとめる断熱レベルとめざす省エネレベル」建築技術、「マスターしよう改正省エネ基準 2013」建築技術、「通風トレーニング」建築技術、「スラスラわかる断熱・気密のすべて」日本実業出版、「資産になる家・負債になる家」建築技術、「価値ある家は地力でつくる」建築技術、「高断熱・高気密バイブル」建築技術、「SuiSui わかる『結露』の本」建築技術、「スケッチ cafe」建築技術、「人間住宅」（共著）INAX 出版など多数。また、建築技術の特集を毎年監修している：97、98、99 高断熱・高気密住宅、01 外断熱、結露、02 パッシブ、03 シックハウス、04 断熱・気密整理整頓、05 調湿、06 断熱リフォーム、07 自立循環型住宅、08 激変する戸建住宅の省エネ・エコの整理整頓、09 省エネ法改正でどう変わる住宅断熱、10 省エネ住宅・新時代、11「健康」でつくる省エネ住宅、12 パッシブを活かした新しい住まい、13 改正省エネ基準と省エネ住宅計画原論、14 改正省エネ基準を楽しく理解しよう、15 どこをめざすのか日本の省エネ住宅、16 断熱と省エネを分けて整理整頓、17 断熱と省エネの「わからないこと」「知りたいこと」、18 わかっているつもりだけの結露、19 わかっているつもりだけの換気、19 自分でつくろう My 断熱基準。

### 南雄三のホームページ

http://www.t3.rim.or.jp/~u-minami/

### 南雄三のInstagram

u_minamu

# 南雄三著作および関連図書

### 高断熱・高気密バイブル
南雄三著　建築技術
今から 20 年ほど前に発刊した高断熱・高気密の必要性を説いたもので、今でもバイブルとして読まれている。

### SuiSui わかる 『結露』の本
南雄三著　建築技術
日本の家にはびこる結露。そのメカニズムは？そして防止方法は？難解な結露をやさしく解説。

### 通風トレーニング
南雄三著　建築技術
誰もが好きで、わかっているつもりの通風だが、科学的に解説した本は一冊もなく、そこで挑戦。

### もとめる断熱レベルとめざす省エネレベル
南雄三著　建築技術
誰もがモヤモヤしている…求める断熱レベルを筆者の知見に基づいて想定し、めざす省エネレベルを大きな流れで読んでいる。

### 大逆転の HOME 嵐
南雄三著　建築技術
短命、雑然とした街並、豊でない生活…その元凶は家に資産価値がないこと。価値ある家を地場工務店と結びつけ、地域住宅工房構想を展開。

### 南雄三がやさしく解説する
### マスターしよう改正省エネ基準 2013」
建築技術
外皮基準の計算および一次エネルギー基準算定プログラムがまだ理解できていない人はこの本で勉強してください。

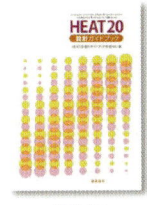

### HEAT20
### 設計ガイドブック
建築技術
HEAT20 が提案する G1、G2 のシナリオと外皮断熱設計のアドバイス書。南雄三も編集委員会に参加した。

### HEAT20
### 設計ガイドブック+プラス
建築技術

### 建築技術 2018 年 1 月号
特集「わかっているつもりだけの結露」
監修：南雄三、本間義規

### 建築技術 2019 年 1 月号
特集「わかっているつもりだけの換気」
監修：南雄三、田島昌樹

### 建築技術 2019 年 8 月号
特集「自分でつくろう My 断熱基準」
監修：南雄三

**当書籍購入：**
建築技術 Web ショッピング http://www.k-gijutsu.co.jp/products/detail.php?product_id=911

## 省エネ基準 説明の義務

南雄三が説明したら…

発行————2019 年 11 月 22 日（第一版）

筆者————南 雄三

発行者————橋戸幹彦

発行所————株式会社建築技術

〒101-0061 東京都千代田区神田三崎町 3-10-4 千代田ビル
TEL 03-3222-5951　FAX 03-3222-5957
http://www.k-gijutsu.co.jp
振替口座 00100-7-72417

造本デザイン——春井 裕（ペーパー・スタジオ）

印刷・製本——三報社印刷株式会社

ISBN978-4-7677-0165-3